BROT

So backen unsere besten Bäcker

BROT

So backen unsere besten Bäcker

Christine Schroeder
Björn Kray Iversen

UMSCHAU

Inhalt

Vorwort

Deutschland ist das Land des Brotes. Mit mehr als 300 Sorten hat es eine einzigartige Produktvielfalt zu bieten, die weltweit einmalig ist. Grund sind die Kreativität und Fantasie der Bäcker, die neben den typischen Brotgetreiden Weizen und Roggen auch mit anderen Getreidearten oder Pseudozerealien handwerkliche Spezialitäten fertigen. Ferner entstehen durch Zusatz von Gewürzen, Saaten oder Kräutern regionale Spezialitäten, die weit mehr sind als nur die Basis für Marmelade, Wurst und Käse.

Unsere Autorinnen haben für Sie das Land nach Deutschlands besten Bäckern durchstreift. Herausgekommen ist eine exzellente Auswahl von inhabergeführten Bäckereibetrieben, die sich durch hochwertige Qualität und authentische Produkte hervortun. Geradezu kleine Trutzburgen, die in Zeiten industrieller Fertigung und internationaler Großbäckereien ihrer Profession nachgehen, ihren eigenen Weg mit Leidenschaft und handwerklichem Geschick verfolgen.

Ergänzt werden die Porträts der Bäckereien durch Themen rund um das leckere und gesunde Grundnahrungsmittel. Woher kommt das Brot eigentlich? Welche Sorten gibt es und wie wird es ursprünglich hergestellt?

Auf diese und mehr Fragen gibt der vorliegende Bildband Antworten und Anregungen. Lassen Sie sich inspirieren, gehen Sie mal wieder zu Ihrem Bäcker um die Ecke und vielleicht backen Sie auch mal selbst ein Brot. Alle 39 Spitzenbäcker haben ihre Lieblingrezepte zur Verfügung gestellt.
Viel Spaß beim Lesen und gutes Gelingen beim Nachbacken der köstlichen Brotvarianten wünscht:

Ch. Schroeder

Bad Oeynhausen
herzerfrischend
Goldkeimlinge
machen den Unterschied
Soester
Pumpernickel
Haverland Soest
Bioland
Soester
Pumpernickel
Willy Haverland
Soester
Pumpernickel
Pumpernickel

Das Rezeptverzeichnis zu den dargestellten Broten finden Sie auf den Seiten 234–235.

Vom Weißwurstgürtel und dem Brot

Der imaginäre Weißwurstäquator – für die einen entlang der Donau, für die anderen trennt der Main den Süden vom weißwurstlosen Norden – polarisiert auch den Geschmack der deutschen Brotesser. Oberhalb ist das tägliche Brot im Durchschnitt salziger, kräftiger und mit Sauerteig gebacken, unterhalb werden weißes Mehl und Hefe für die Teiglockerung bevorzugt. Am liebsten für Weizenmischbrote und natürlich für die echte bayrische „Brezn". Im Norden wird zudem mehr aus dem vollen Korn gebacken als im Süden. Bekannt sind das Holsteiner Schwarzbrot und vor allen Dingen der Pumpernickel. Ein süßliches Schwarzbrot ohne Kruste aus dem westfälischen Raum. Man kann sagen: Je südlicher man kommt, desto höher ist der Weizenanteil. Eine Ausnahme bilden hier die Bayern, die ebenso viel mit Roggen und mit Sauerteig backen. Die deutlich regionale Tendenz ist aber nicht allein eine Frage des Geschmacks, sondern historisch durch die Bedingungen für den Getreideanbau begründet. Im Norden wurde wegen des rauen, feuchten Klimas vor allen Dingen der anspruchslosere Roggen angebaut, während der Dinkel und später auch der Weizen im Süden gute klimatische Verhältnisse vorfanden. In Nordwestdeutschland ist das grobe Roggenbrot, Schwarzbrot aus geschrotetem Korn, schon im 14. Jahrhundert bekannt. Gerade die Westfalen waren für ihren „harten, schwarzen und klebrigen Stein" aus einer „Art Korn" bekannt, wie Voltaire es abschätzig formulierte.

Heute gehört Deutschland weltweit zu dem Land mit den meisten Brotsorten. Und das hat es dem Einfallsreichtum der einzelnen Bäckereien zu verdanken. Die Grundzutaten Mehl, Wasser, Salz und ein Triebmittel sind für jedes Brot identisch. Aber die Vielfalt entsteht durch das Mischungsverhältnis der Zutaten, die Wahl verschiedenster Getreidearten und den Ideenreichtum der Bäcker, Brote durch besondere Zutaten zu verfeinern.

Bei Mischbroten, die regional unterschiedlich hergestellt werden, sind meist die Landstriche oder Städte zugleich Namensgeber. So zum Beispiel beim Kasseler und Schwarzwälder Brot oder beim Paderborner und Berliner Landbrot.

Mit vielen leckeren und auch ungewöhnlichen Überraschungen warten die im vorliegenden Bildband vorgestellten Bäcker auf. So verdanken wir beispielsweise das Dithmarscher Kohlbrot den findigen Kalle-Bäckern aus Marne in Schleswig-Holstein. Ein herzhaftes regionales Brot, das natürlich aus Kohl und passenden deftigen Zutaten wie Röstzwiebeln und frischen Kräutern gebacken wird. Eine weitere Spezialität bietet Feinbäcker Brante aus Bad Oeynhausen. Aus den Quellen des Kurortes holt er persönlich Wasser in großen Eichenfässern, um es zu seinem beliebten Solebrot zu verarbeiten. Mannigfaltige Bäckerkunst präsentiert ihre kreative und schöpferische Vielfalt. Lupinenbrot, Kastanienbrot, Genetztes Brot, Emmerbrot, Senfkrustenbrot und Feigenbrot. Erleben Sie neue Geschmackswelten, lassen Sie sich von der Kreativität der Handwerksmeister inspirieren. – vielleicht backen Sie sogar selbst – und entdecken Sie die alltägliche Welt des Brotes in all ihrer verführerischen Bandbreite und Geschmacksvielfalt.

Bäckerei-Konditorei Angelbauer

„Das Wandern ist des Müllers (Bäckers) Lust", so könnte man den Lebensweg von Josef Angelbauer beschreiben, frei nach dem bekannten Volkslied. Ursprünglich wollte der gebürtige Salzburger in die Fußstapfen seines Vaters treten, der seiner Arbeit als Müller in der Wolfratshausener Weidachmühle nachging. In den Mahlmühlen wird Mehl hergestellt und so reifte in dem

jungen Josef der Entschluss, sich das Bäckerhandwerk näher anzuschauen. 1963 begann er die Ausbildung bei seinem Lehrherrn Josef Hafeneder und dessen Frau Magdalena, die die heutige Bäckerei in Partenkirchen kurz vorher von den Gründern Josef und Katharina Meier übernommen hatten. Eine Konditorlehre im Café Herrschmann in Murnau und der Meister in München sind weitere Stationen auf dem Weg zur Werdenfelser Bäckerei, die er nun seit 32 Jahren erfolgreich führt. Wenn auch kein „geerbter" Familienbetrieb, so ist Josef Angelbauer doch der dritte „Josef" in dieser Bäckereigeschichte. Die ganze Zeit über hat er diverse klangvolle Auszeichnungen erhalten.

Mit von der Partie ist seine Frau Anneliese, die im Laden Regie führt und für die Administration zuständig ist. Den Bäckerladen, ganz idyllisch im Ortsteil Partenkirchen nahe des Flüsschens Partnach gelegen, muss man ein wenig suchen und so haben sich die Angelbauers ihren weithin guten Namen tatsächlich erarbeitet – mit einem Angebot von über 200 Produkten. Sehr viele Stammkunden sind es, die der Bäckerei uneingeschränkt die Treue halten. Unter der abgehängten Decke mit der bunten alpenländischen Bauernmalerei werden die traditionell bayerischen Backwaren wie Brot und Semmeln, Brezen und auch köstliche Feinbäckerei präsentiert. Hier liegen Saftkornbrot, ein Vollkorn, Halbweißes Brot aus Roggen und Weizenmehl, reines Dinkelvollkorn, auch Baguette neben dem Familienbrot, das wöchentlich wechselt und für Familien gedacht ist, „die ein wenig sparen müssen". Alle haben aber eines gemeinsam: Sie sind qualitativ hochwertige Lebensmittel aus regionalem Getreide, kontrolliert durch die Solidargemeinschaft Werdenfelser Land. Sie steht im Verbund der Regionalvermarktung für landwirtschaftliche Produkte „Unser Land". „Weil ich weiß, wo es herkommt", ist der Slogan. Das verwendete Getreide stammt aus dem Nachbarlandkreis Weilheim-Schongau, da es in der Region Garmisch-Partenkirchen aus klimatischen Gründen nicht möglich ist, backfähiges Brotgetreide anzubauen. Zu Mehl gemahlen wird es in einer kleinen Mühle, der Jochner-Mühle aus Wilzhofen bei Weilheim.

Es steht in der Tradition des alten Bäckerhandwerks, ohne Hilfsmittel ein gutes und schmackhaftes Brot herzustellen. So wird auch der Partenkirchner Bauernlaib – ein reines Roggenbrot ohne Hefe nur mit reinem Sauerteig gebacken – das ersehnte Angebot für Weizen- und Hefe-Allergiker. Für all diese Brote wird ausschließlich Meersalz verwendet. Das kommt gut an bei der Kundschaft und auch bei den Brotprüfern des Deutschen Bäckerhandwerks, die über die Jahre immer voll des Lobes sind. Drei Bäcker und ein Lehrling gehen dem Obermeister der Bäcker- und Konditoren-Innung Oberland zur Hand.

„Dem Opa seine Brez'n ist viel besser", gibt die siebenjährige Enkelin Johanna treuherzig zum Besten, wenn sie in einer nicht vertrauten Bäckerei das geliebte Laugenstück verlangt. Sie lebt mit ihrer Schwester Regina und ihren Eltern – Angelbauertochter Eva-Maria ist Konditormeisterin – in Frasdorf am Chiemsee, kommt aber oft und gerne nach Garmisch-Partenkirchen. Beim gemeinsamen Familienfrühstück mit Opas reschen Brezen ist dann die Welt für sie wieder in Ordnung.

Kontakt:

Bäckerei-Konditorei Angelbauer
Inhaber: Josef Angelbauer

Partnachauen 21 | 82467 Garmisch-Partenkirchen
Telefon 08821/2779 | Telefax 08821/79279
www.baeckerei-konditorei-angelbauer.de

Zutaten für 2–3 Brote:

Für den (Grund-)Sauerteig Stufe II: 50 g Anstellgut (Sauerteig Stufe I, beim ersten Mal vom Bäcker zu beziehen) | 300 g Roggenmehl Type 997 oder 1150 (man kann auch Roggenvollkornmehl verwenden) | 170 ml Wasser (ca. 15 °C)

Für den (Voll-)Sauerteig Stufe III: 450 g Grundsauer | 800 g Roggenmehl | 850 ml Wasser (35–40 °C)

Für den Brotteig: 800 g Roggenmehl | 35 g Meersalz | 325 ml Wasser (ca. 28 °C)

Partenkirchner Bauernlaib

Anstellgut und Roggenmehl gut mit dem Wasser verkneten und mindestens 6 Stunden abgedeckt in einer Schüssel bei einer Temperatur von circa 18 °C stehen lassen.

Grundsauer mit Roggenmehl und warmem Wasser zu einem weichen Sauerteig kneten. Die Wassermenge kann – je nach Teigbeschaffenheit – etwas variieren. Diesen Teig erneut etwa 4 bis 6 Stunden bei circa 25 °C ruhen lassen. Den Sauerteig (Vollsauer) mit dem Roggenmehl, dem Meersalz und dem Wasser zu einem mittelfesten Teig kneten. Je nach Geschmack kann man den Teig jetzt noch mit etwas fein gemahlenem Kümmel würzen. Den Teig erneut 45 Minuten ruhen lassen. Dann den Teig in 2 bis 3 geeignete, leicht gefetteten Kastenformen geben und etwa 1,5 bis 2 Stunden bei circa 25 °C mit einem Tuch zugedeckt gehen lassen.

Zum Backen den Backofen auf circa 230 °C vorheizen, Brote einschieben und auf ein heißes Ofenblech im unteren Backofenbereich ein wenig kaltes Wasser geben, sodass Dampf entsteht. Die Backofentür sollte umgehend geschlossen werden. Den Backofen nach etwa 5 Minuten öffnen und den entstandenen Dampf herauslassen, die Temperatur auf 170 bis 180°C zurückstellen und die Brote weitere 90 Minuten fertig backen.

Tipp:

Ehe sie den endgültigen Teig zubereiten, nehmen sie bitte etwa 50 Gramm vom Sauerteig (Vollsauer) ab und bewahren Sie sich diesen Teil als Anstellgut für den nächsten Teig im Kühlschrank auf.

Man kann das Anstellgut auch einfrieren!

Peter Asche
BAHDE

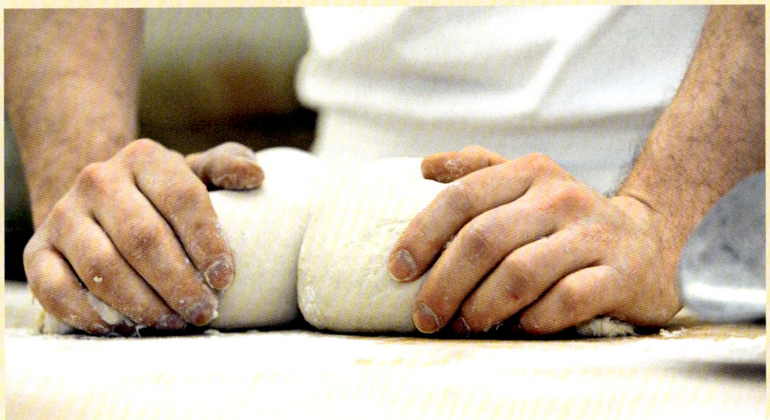

Bäckerei Bahde

Was hat die Göttin der Fruchtbarkeit mit der Bäckerei Bahde zu tun? „Viel", schmunzeln die zwei Geschäftsführer Willi Bahde und Peter Asche. „Demeter" heiße das Lösungswort, denn besagte griechische Göttin ist Namensgeber für die Backwaren, die hier nach dem biologisch-dynamischen Ansatz produziert werden. Die einzige Demeter-Vertragsbäckerei Hamburgs backt bereits seit 1981 mit handwerklichem Know-how gemäß den strengen Richtlinien des Gütesiegels und wurde 1997 mit dem begehrten Marktkieker, dem „Oscar" der Bäckerbranche, ausgezeichnet.

Ehrensache, dass man sich bei der Bäckerei Bahde auf einwandfreie Qualität verlassen kann – auf guten Geschmack sowieso. Diese Tatsache mag nicht zuletzt daran liegen, dass in jedem einzelnen Brot und Brötchen, welches die Backstube in Hamburg-Finkenwerder verlässt, nur die besten und obendrein gesunde Zutaten stecken.

Von Demeter qualifizierten Landwirten kommt zum Beispiel das Getreide, das in zwei Demeter-Mühlen der Region zu Mehl gemahlen wird. Auch bei Brotzutat Nummer zwei, dem Wasser, setzt Bahde auf das Beste vom Besten. „Wir veredeln unser Wasser in einem besonderen Verfahren der Verwirbelung", erklärt Peter Asche: „Indem das Wasser über verschiedene Edel- und Halbedelsteine sowie Gesteine läuft, versetzen wir es in seinen Ursprungszustand – in reines, natürliches Quellwasser." Naturbelassen ist zudem ein weiterer wichtiger Bestandteil des Brots, das Vollmeersalz, welches aus dem Atlantik an der Küste Andalusiens gewonnen wird und einen hohen Magnesiumgehalt aufweist.

Und da Demeter eine ganzheitlich biologisch-dynamische Wirtschaftsweise garantiert, steht bei Bahde auch die Verarbeitung der Rohstoffe ganz im Zeichen der Fruchtbarkeitsgöttin. Besonders gut meint sie es zum Beispiel mit dem dreistufigen Vollsauerteig. „Schon seit über 14 Jahren pflegen und verarbeiten wir unseren Sauerteig", so Bäckermeister Willi Bahde: „Täglich nehmen wir davon etwas Saat ab, um die Grundlage für den nächsten Teig zu bekommen." Ganz ohne Zusatzstoffe wird dieser von den Bäckern in einem aufwendigen Prozess mit langen Teigführungen hergestellt, um die schöne Lockerung, eine lange Haltbarkeit sowie ein einmaliges Geschmackserlebnis des fertigen Brotlaibs zu erzielen. Für das Gelingen des empfindlichen Sauerteigs bedarf es zudem viel Geschick und Geduld sowie eine Menge handwerkliche Erfahrung.

Kontakt:

Bäckerei Bahde
Inhaber: Willi Bahde und Peter Asche

Nessdeich 166 | 21129 Hamburg
Telefon 040/7426579 | Telefax 040/7425706
www.bahde.de

Apropos: Auf langjährige Erfahrung und Tradition kann sich die Bäckerei Bahde berufen. Bereits 1932 eröffnete Gründer Johannes Bahde eine Bäckerei und Konditorei in Finkenwerder. Gemeinsam mit seiner Frau Margret übernahm Willi Bahde dann 1971 den elterlichen Betrieb, der zur damaligen Zeit mit drei Filialen bereits eine ansehnliche Größe hatte. „Früh verfestigte sich unsere Überlegung, Backwaren ganz ohne chemische Zusätze herzustellen", erinnert sich Margret Bahde: „Mitte der 1970er-Jahre starteten wir dann quasi als (Hamburger) Vorreiter langsam mit der Bioproduktion." Im Jahre 1981 gingen die ersten Demeter-Backwaren über die Ladentheke. Die steigende Nachfrage veranlasste Willi Bahde dazu den konventionellen Backbetrieb sukzessive einzustellen. Man verkaufte die Filialen, das Hauptgeschäft am Nessdeich schloss und dient seitdem noch als Produktionsstätte.

Aber auch ohne den Blick in ein Schaufenster haben die Kunden heute über 160-mal in und um Hamburg die Chance, in den Genuss von Broten und Brötchen des größten Biobäckers der Hansestadt zu kommen: Ob in Bioläden, Reformhäusern und Feinkostgeschäften, im Hofladen oder auf dem Wochenmarkt, hier erhält man sein Brot stets frisch und aromatisch duftend. Notwendige Informationen, zum Beispiel über die Inhaltsstoffe, liefern Schautafeln oder auch die Verkäufer der einzelnen Geschäfte. „Unser Internetauftritt beantwortet auf jeden Fall die letzten Fragen", so Peter Asche, der neue Partner an der Seite von Willi Bahde. In absehbarer Zeit wird der Bäcker und Diplom-Oecotrophologe den Betrieb zusammen mit seiner Frau Tanja, ebenfalls Diplom-Oecotrophologin, in bewährter Art mit frischem Wind übernehmen. Peter Asche verrät nur so viel: „Unser Internetauftritt wird an Bedeutung gewinnen." Eine gute Idee, denn schließlich muss er ja 160 Schaufenster ersetzen.

Zutaten:

Für den Vollsauerteig (aufwendige Herstellung, die handwerkliches Geschick erfordert):
2,5 g Anfrischsauer (zum Beispiel vom guten Biobäcker) | 290 g Roggenmehl
250 ml Wasser

Für den Grundteig: 260 g Roggenmehl | 230 g Weizenmehl | 270 ml Wasser | 14 g Salz

Finken

Für den Sauerteig circa 8 Gramm Mehl und 8 Milliliter Wasser mit dem Anfrischsauer vermischen (circa 25 bis 26 °C) und sechs Stunden bei Raumtemperatur stehen lassen. Von diesem Teig etwa 3 Gramm abnehmen und als nächste Anfangskultur verwenden. Den Rest mit 85 Gramm Mehl und 45 Milliliter Wasser vermengen (24 bis 26 °C) und 8 Stunden ruhen lassen. Diesen Grundsauer mit 200 Gramm Mehl und 195 Milliliter Wasser erneut mischen.

Für den Grundteig nun alle Zutaten mit dem Vollsauerteig 10 Minuten langsam kneten, danach 2 Minuten schnell. Den daraus entstandenen Teig (circa 27 °C) 30 Minuten ruhen lassen. Mit der Hand formen und zur weiteren Reife auf Holzbretter legen. Den Backofen auf 280 °C vorheizen. Das Teigstück auf ein Backblech legen und 75 Minuten backen. Nach 10 Minuten die Temperatur auf 230 °C herunterregulieren. Durch etwas Wasser im Ofen entsteht Dampf, der für eine elastische Kruste sorgt.

BäckerMann

Wer wollte nicht schon immer mal einem echten Bäcker über die Schulter schauen? Einen Blick in die Backstube werfen, aus der täglich die frisch duftenden, knusprigen Frühstücksbrötchen kommen? Kein Problem beim BäckerMann Herbert Heinig, der in Berlin drei Filialen mit offener Backstube betreibt. Denn zu verbergen hat der gebürtige Schwabe nichts, dafür aber viel zu bieten, nämlich echtes Backhandwerk nach guter alter schwäbischer Tradition.

Den ersten kleinen Laden eröffnete der gelernte Bäckermeister und Bäckereitechniker, der zudem ein Studium der Lebensmitteltechnologie absolviert hat, 1989 in Berlin Friedenau. Ein Jahr des Umbruchs, nicht nur in Berlin, sondern auch im Leben von Herbert Heinig, dessen Kindheitstraum sich mit dem eigenen Bäckereibetrieb erfüllte. Schon damals gab es eine offene Backstube hinter dem Verkaufstresen, die bald schon vergrößert werden musste. Denn sein Konzept kommt gut an im Kiez.

Statt auf Fertigmischungen und Aufbackware setzt er ausschließlich auf eigene Fertigung mit natürlichen Rohstoffen. „Eine gute Bäckerei verbindet Tradition und Moderne", so Heinigs Credo. In seinem konkreten Fall heißt das beispielsweise, traditionelle Herstellung von Roggensauerteig, Weizensauerteig oder verschiedenen Vorteigen, denen er bis zu 24 Stunden Zeit zum Reifen gibt. So entsteht ein ganz individuelles Aroma, wie früher, als es noch keine Zusatzstoffe und Convenienceprodukte auf dem Markt gab. Dabei werden bei einigen Produkten, wie Wurzelstangen oder Ciabattabroten, die Teige mit sehr wenig Hefe gemacht und liegen 24 Stunden in der Kühlung, bis sie gebacken werden. Qualität braucht eben ihre Zeit. Einige Errungenschaften der Moderne jedoch nutzt der Bäckermeister gerne. Wie die Knetmaschinen oder das Mehlsilo, das ihm das Tragen schwerer Mehlsäcke erspart. Die eigentliche Zubereitung allerdings erfolgt immer noch von Hand.

Und so kann der Kunde dem Bäcker und seinem Team den ganzen Tag über beim Rühren, Kneten, Formen und Backen zusehen, während er sich aus dem reichhaltigen Angebot an Broten, Brötchen, Kuchen und Gebäck die Lieblingsstücke aussucht. Ungefähr 20 jahreszeitlich wechselnde Brotsorten gibt es zur Auswahl, dabei immer wieder neue Rezeptideen. Auch zahlreiche schwäbische Brötchenspezialitäten wie Laugengebäck und Allgäuer Seelen sowie eigene Kreationen wie die Wurzelstangen stellen die Kunden vor die Qual der Wahl. Nicht zu vergessen das riesige Sortiment im Konditoreibereich, das hauptsächlich „Hausfrauenkuchen" bietet, der schmeckt, wie von Mutter selbst gemacht.

Die Lieblingsbrote von Herbert Heinig sind übrigens Wurzelstangen, Franzosenbrot und Vollkornnussbrot. „Das frische Franzosenbrot mit einer guten, kalten Butter, grobem Salz und Pfeffer oben auf und dazu ein Glas kalten Champagner, dafür lassen Sie alles andere stehen und liegen", schwärmt er. Und dabei sieht man ihm richtig an, dass er seinen Beruf liebt und mit Freude ausübt. Auch wenn es früh losgeht, morgens. Ab 3 Uhr ist Arbeitsbeginn in der Backstube. So gegen 8 Uhr wollen einige organisatorische Dinge erledigt werden und abends geht es weiter mit dem Backzettel für den nächsten Tag. Dazwischen ist gelegentlich Zeit für einen kurzen Mittagsschlaf.

Der Einsatz wird jedoch belohnt, denn inzwischen zählt der BäckerMann zu den besten Bäckern Berlins. Und am Ziel ist er noch lange nicht. So widmet er sich mit Hingabe neuen Projekten, wie dem eigenen Cateringservice oder der erst vor Kurzem eröffneten Gläsernen Bäckerei in der Pariser Straße 20 in Berlin-Charlottenburg. Man darf gespannt sein, wie es weitergeht.

Kontakt:

BäckerMann
Inhaber: Herbert Heinig

Südwestkorso 9 | 12161 Berlin
Telefon 030/8220956 | Telefax 030/8212541
www.baecker-mann.de

Zutaten für 2 Brote:

Für den Sauerteig: 250 g Weizenmehl Type 550 | 150 ml Buttermilch | 50 g Joghurt

Für den Grundteig: 1 kg Weizenmehl Type 1050 | 1 kg Roggenmehl Type 1150
1,4 l Buttermilch | 45 g Salz | 60 g Hefe

Schwäbisches Albbrot

Für den Sauerteig das Weizenmehl Type 550 mit der Buttermilch und dem Joghurt zu einem Teig kneten. Diesen 20 Stunden stehen lassen.

Aus dem Sauerteig, dem Weizenmehl Type 1050, Roggenmehl Type 1150, der restlichen Buttermilch, Salz und Hefe einen Teig zubereiten und diesen 10 Minuten gut durchkneten. Danach 30 Minuten mit einem Tuch abgedeckt stehen lassen. Anschließend 2 gleich große Teile rund formen und sie noch einmal 30 Minuten abgedeckt stehen lassen. Diese dann auf ein Backblech legen, mit Wasser abstreichen und mit einem kleinen Messer mehrmals einstechen. Den Ofen auf 260 °C vorheizen und die Brote darin 10 Minuten anbacken, dann die Temperatur auf 220 °C senken. Die Backzeit insgesamt beläuft sich auf 70 Minuten.

Borchers Althannoversche Spezialitätenbäckerei

Man gibt es im Restaurant, im Taxi oder beim Friseur! Aber in der Bäckerei? Da würde wohl niemand auf die Idee kommen, sich mit Trinkgeld für die nette Bedienung zu bedanken. In der Bäckerei Borchers schon! „Unsere Verkäuferinnen haben am Jahresende nicht selten bis zu 600 Euro dazuverdient", erzählt Inhaber Klaus Borchers: „Einige Kunden drücken ihre Zufriedenheit sogar in Naturalien, wie frischen Erdbeeren, aus."

Der althannoversche Spezialitätenbäcker punktet aber nicht allein mit einer freundlichen Bedienung, sondern mit Kompetenz und Fachwissen. So wird man im Hauptgeschäft und den drei Filialen von ausgebildeten Bäckereifachverkäuferinnen beraten. Als Ernährungsberaterin kann Inhabergattin Marion Borchers zudem auf spezielle Fragen reagieren oder praktische Tipps geben.

Darüber hinaus überzeugt die ausgezeichnete Qualität der Backwaren die Kunden, ja sogar die Zeitschrift Der Feinschmecker. „Alles, was wir anbieten, kommt aus unserer Produktion", so Bäckermeister Borchers: „Nach eigenen Rezepten backen wir mit hochwertigen Rohstoffen in unserer Backstube." Und da diese nur fünf Meter vom großzügig und modern eingerichteten Interieur entfernt ist, werde man schon an der Tür von unnachahmlichen Düften nach Brot, Brötchen und mehr empfangen. Außerdem liegen die Backwaren dadurch natürlich ofenfrisch sowie besonders knackig in den Regalen. „Unsere Brotsorten werden kräftig gebacken", klärt Klaus Borchers auf: „Durch die etwas längere Backzeit wird mit der Quellung des Teigs mehr Wasser gebunden." Das Ergebnis halte nicht nur länger, sondern weise eine schön knusprige Rinde auf, wie zum Beispiel beim Gersterbrot, das in Hannover bekannt und sehr beliebt ist.

Die sehr große Auswahl an verlockenden Back- und Konditoreiwaren, die man auch direkt vor Ort genießen kann, gibt wohl den letzten Ausschlag für die Großzügigkeit der Käufer, nicht selten Stammkunden. Zahlreiche Brot- und Brötchensorten, verschiedene Kuchen und Torten, Pralinen, sogar Marmeladen sowie herzhafte Snacks sorgen für optische Abwechslung und natürlich die Qual der Wahl. Allein an Torten bedient sich Konditormeister Martin Borchers aus einem Repertoire von insgesamt 60 Rezepten, Sonderanfertigungen nicht mitgezählt.

Getoppt wird das vielfältige Angebot nur noch in der Weihnachtszeit. Dann erstrahlt die Bäckerei Borchers im weihnachtlichen Glanz – typische Gerüche inklusive – und ist an Vielfältigkeit kaum zu überbieten. 30 Sorten der

leckersten Kekse und Gebäcke lassen das Wasser im Munde zusammenlaufen. Wer sich nicht entscheiden kann, der nimmt einfach von jedem Keks einen. Spekulatius, Zimtstern, Vanillekipferl und Co. gibt es nämlich einzeln zu kaufen.

Ein Highlight sind darüber hinaus die Althannoverschen Zuckerbilder, die volkstümlich auch Hitjepuppen genannt werden. Das trockene Gebäck, das mit rotem Zuckerguss bestrichen ist und anschließend weiß bemalt beziehungsweise beschrieben wird, besitzt heute Kultstatus. „Früher haben diese Zuckerbilder, die zum Beispiel als Christbaumschmuck dienten, fast alle Bäcker der Stadt angeboten", beschreibt der Inhaber: „Nach dem Zweiten Weltkrieg sind sie in Vergessenheit geraten. Zu dieser Zeit hat mein Großvater sämtliche, auch außergewöhnliche Ausstechformen von den anderen Betrieben eingesammelt, da er Zukunft in den Figuren sah. Zu Recht, wie sich später herausstellte."

Bei so viel Geschäftssinn erscheint es wenig verwunderlich, dass der Traditionsbetrieb bereits seit 1847 in der fünften Familiengeneration besteht. Auch wenn sich der Standort immer wieder geändert hat, ist die Familie ihrem Handwerk stets treu geblieben. Mit sichtbarem Erfolg: Die Trinkgelder sprechen schließlich für sich …

Kontakt:

Borchers Althannoversche Spezialitätenbäckerei
Inhaber: Klaus Borchers

Hildesheimer Straße 44 | 30169 Hannover
Telefon 05 11 / 88 56 64 | Telefax 05 11 / 8 09 17 02
www.baeckereiborchers.de

Zutaten für 2 Brote:

Für den Vorteig: 350 g Roggenmehl Type 1370 | 200 ml Wasser
30–40 g Roggensauerteig (beim Bäcker fertig zu kaufen)

Für den Grundteig: 350 g Roggenmehl Type 1370 | 300 g Weizenmehl Type 1050
400 ml Wasser | 20 g Salz | 20 g Hefe

Gersterbrot

Für den Vorteig das Roggenmehl mit dem Wasser und dem Sauerteig anrühren. Über Nacht mindestens 12 Stunden ruhen lassen.

Am nächsten Tag diesen Vorteig mit den restlichen Zutaten vermengen und in die gewünschte Form bringen (gegebenenfalls bereits in einer Backform). Den Teig mit Wasser bestreichen, anschließend im Backofen bei 260 bis 270 °C für 2 Minuten backen. Die feine Haut, die sich auf dem Brot nun gebildet hat, mit einer offenen Flamme kurz „abflämmen" („gerstern"), bis sich dunkle Pünktchen auf der Oberfläche bilden.

Mit einem spitzen Messer das Brot an der Längs- sowie der Unterseite einschneiden, dann kleine diagonale Ritze an der Oberseite zufügen. Eine Stunde in der Backform backen. In der Bäckerei werden die Teige „angeschoben", das heißt viele Brote backen dicht (ohne Backform) an dicht im Ofen. Schließlich Brot aus der Form lösen und nochmals 30 Minuten backen. Die Profis schieben die Gersterbrote dafür nun auseinander und drehen sie mit der angeschnittenen Längsseite nach oben.

Vom Getreidebrei zum Brot

Geschichte des Brotes und der ersten Bäckereien

„Zum Essen Brot zu kriegen und nicht einen Stein, das ist des Menschen nacktes Recht auf Erden."

(Brecht, Dreigroschenoper)

Hauptnahrungsmittel der Menschen waren lange hauptsächlich Fisch und Fleisch, angereichert mit ein paar Beeren und Wurzeln. Mit dem Beginn des Ackerbaus wurde die bis dahin stark eiweißhaltige Nahrung durch Getreide ergänzt. Das Getreide wurde mit Flüssigkeit vermengt und als Brei gegessen. Und mit diesem „Urmüsli" beginnt vor circa 6 000 bis 8 000 Jahren allmählich die Geschichte des Brotes. Der Getreidebrei wurde entweder direkt gegessen oder durch Erhitzen auf einem heißen Stein oder in der heißen Asche gebacken. Es entstand der sogenannte Fladen, der auch heute noch in vielen Ländern des Orients, der Mongolei und in Westafrika verzehrt wird.

Ein Brot war der Fladen allerdings nicht, sondern allenfalls eine „Konserve", die den Brei haltbarer machte und einen besseren Transport ermöglichte. Zudem waren die ersten Fladen hart und fade, konnten durch Hinzufügen von Wasser aber jederzeit wieder zu Brei gemacht werden. Aber der erste Schritt in Richtung Brot war getan.

Die Voraussetzung für „richtiges" Brot ist der Zusatz von einem Triebmittel – Sauerteig oder Hefe – und das Backen in einem geschlossenen Raum, einem Ofen.

Wie aus dem ersten Getreideteig Brot wurde, lässt sich nur vermuten. Aber man weiß, dass die Ägypter schon 5 000 v. Chr. die Herstellung von Sauerteig kannten. Vermutlich hatte ein Ägypter oder eine Ägypterin einen Getreidebrei im Warmen stehen lassen, ihn trotz der komischen Blasen gebacken und festgestellt, dass die Krume so viel weicher und lockerer war.

Hieroglyphen nach Gardiner

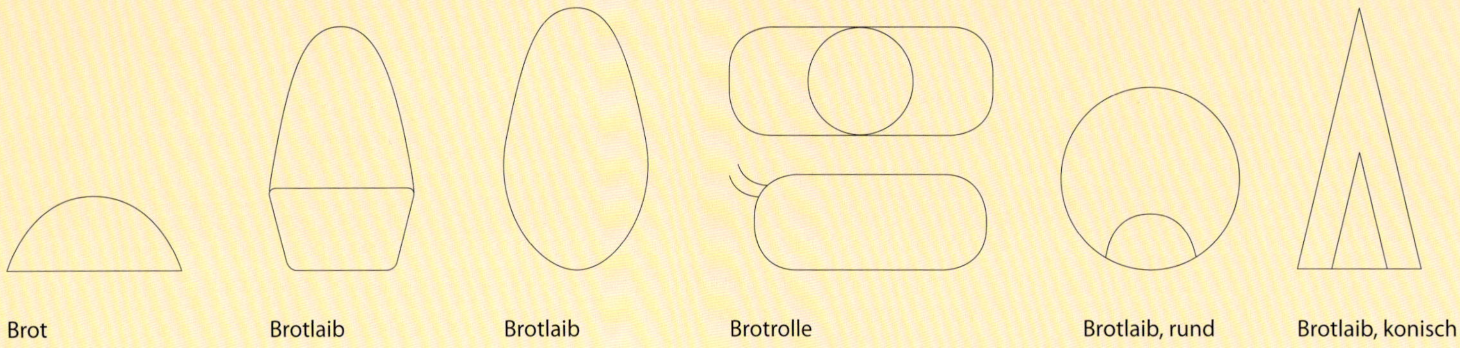

Das erste Brot war gebacken und die Grundlage für all unsere modernen Backwaren gefunden: der Gärprozess.

Die wesentliche Funktion des Gärens findet sich auch in der etymologischen Bedeutung des Wortes „Brot" wieder, welches aus dem althochdeutschen „prôt" hervorgeht, was nichts anderes als „Gegorenes" bedeutet.

Wahrscheinlich wurde in verschiedenen frühgeschichtlichen Kulturen die Entdeckung des Brotbackens gemacht, aber nur für Ägypten ist es ausreichend dokumentiert. Grabbeigaben, Skulpturen, Brotformen, Steinöfen, Malereien, Texte und vieles mehr belegen die Herstellung und die Bedeutung des Backens. Es gab sowohl private Bäckereien der gehobenen Schichten, Tempel- und Hofbäckereien sowie Großbäckereien, die die Pyramidenarbeiter mit Brot versorgten. Eine logistische Meisterleistung und Akkordarbeit, da nach neuesten Berechnungen 30 000 Arbeiter pro Tag mit 30 Tonnen Brot versorgt werden mussten. Hinzu kamen 10 000 Kornmahlerinnen, Verwalter, Zulieferer und andere mehr, die im Schnitt täglich ein Brot von einem Kilogramm Gewicht aßen. So kann man davon ausgehen, dass allein für die Pyramidenarbeiter und die Kornmahlerinnen 400 Bäcker tätig waren. Gemeinsam war allen Bäckereien der kegelförmige Ofen, an dessen Innenseite Brote gebacken wurden. Zumeist in Fladenform, aber auch rund, kasten- oder topfförmig, oval, dreieckig und sogar spatelförmig, wie archäologische Funde belegen. Zudem waren den Bewohnern des Nils an die 30 verschiedene Brotsorten bekannt, deren Vielfalt nicht nur in den mannigfaltigen Formen, sondern auch in der Zubereitung lag. Milchprodukte, aromatische Gewürze, Datteln oder gar Lotus wurden dem Brot beigefügt. Nur folgerichtig, dass andere antike Völkern die Ägypter als „Brotesser" betitelten, wie der griechische Geschichtsschreiber Hekataios von Milet circa 500 v. Chr. berichtet.

Durch den Auszug der Israeliten aus Ägypten kam die Kunst des Brotbackens nach Griechenland. Brot backen war zunächst Aufgabe der Frauen und es wurde direkt im Feuer gebacken, bis es zu den ersten gewerblichen Bäckereien und Öfen kam. Neben Sauerteig buken die Griechen auch mit gärendem Traubensaft oder Soda als Triebmittel. Überhaupt zeigten sich die griechischen Bäcker gerade in Athen sehr erfindungsreich in ihrer Backkunst. Zwar musste das gemeine Volk mit dem harten Gerstenbrot vorlieb nehmen, aber der griechische Dichter Athenaios spricht von 72 verschiedenen Brot- und Kuchensorten, von denen er das attische Brot als das berühmteste lobt. Zudem schwärmt er von der „Milde und Zartheit" des „eingefetteten Herdbrotes", bei dem sich trotz Sättigung „mit diesem Genuss beim Esser erneuter Hunger einstellt". Nicht verwunderlich, dass Bäcker im antiken Hellas ein hohes Ansehen genossen und sogar Senator werden konnten.

Der Philosoph Platon lässt in seinen Dialogen den verstorbenen Komödiendichter Aristophanes folgende Lobrede ausbringen: „Das Brot, das man auf diese Tafel bringt, selbst das, welches man auf dem Markt kauft, ist von einer blendenden Weiße und von bewundernswertem Geschmack. Die Kunst, es zu bereiten (...) zeigt sich in unserer Mitte in ihrem höchsten Glanz. Wir besitzen heute tausend Mittel, um alle Sorten von Mehl in eine ebenso gesunde wie angenehme Nahrung umzuwandeln. Fügt zu dem Weizenmehl etwas Milch, Öl, Salz und ihr werdet die delikaten Brote haben (...)."

Von den Griechen gelangte die Brotbackkunst zu den Römern, wo im 2. Jahrhundert v. Chr. schon das Berufsbild des Bäckers belegt ist. Entsprechend der Nachfrage bildeten sich unterschiedliche Arten der Bäckereien heraus. Es gab Bäcker für das Volk, die Brote aus grobem Mehl mit Kleie oder anderen Stoffen versetzt buken, Bäcker für die Oberschicht, die nur Brot aus feinstem Weizen feilboten, Hostienbäcker, Kuchenbäcker und andere mehr. Auch Spezialbrote mit allerlei Ingredienzien bereicherten den Alltag der Römer. Neben dem typischen Rundbrot mit seinen charakteristischen Einkerbungen gab es auch schon regionale Besonderheiten wie Rosinenbrot, Käsebrot und Würzbrote mit Lorbeer, Sellerie, Koriander, Kümmel, Mohn, Anis und Leinsamen.

Das Handwerk übten meistens Freigelassene oder sonstige nicht römische Bürger aus. Dass man als Bäcker durchaus zu Wohlstand gelangen konnte, zeigt das imposante Grabmal des Bäckers Marcus Vergilius Eurysaces. Datiert auf ungefähr 30 v. Chr. steht das Grab auf zylindrischen Gefäßen, die Backtröge darstellen, und zeigt auf umlaufenden Reliefs die Arbeitsschritte des Mahlens und Backens.

Im alten Rom war der Bäcker zugleich Müller, wie eine Ausgrabung einer römischen Bäckerei aus Pompeji zeigt. Die Mühle befand sich in unmittelbarer

Nähe des Backofens. Die schwere Arbeit des Kornmahlens übernahmen allerdings nicht sie selbst, sondern Sklaven, Ochsen oder Esel.

Erst Jahrhunderte später trennten sich die beiden Gewerbe in einzelne Berufe. Und der Müller war meistens vor den Toren der Stadt zu finden.

In Deutschland gab es erst im frühen Mittelalter um 800 n. Chr. neben den Klosterbäckereien auch gewerbliche Betriebe. Zwar hatte das Brot schon vorher mit den Römern seinen Weg über die Alpen gefunden, doch blieben zumindest die Germanen skeptisch. Bekannt ist allerdings von den Galliern, dass sie ihren Teig zu Kugeln (boules) drehten, weshalb die Bäcker heute noch in Frankreich „boulanger" (Kugeldreher) heißen. Im 12. Jahrhundert entstanden dann die Zünfte, die das Handwerk kontrollierten. Alle Bäcker, Schwarz- und Weißbäcker, Süß- und Sauerbäcker und auch Spezialisten wie die Nürnberger „Lebküchler" unterlagen klaren Regeln und Vorschriften. Für einen bestimmten Preis musste beispielsweise ein festgelegtes Gewicht verkauft werden. Verstieß ein Bäcker gegen diese Zunftregel, wurde er streng bestraft. Er wurde in einen Käfig eingesperrt und für 15 bis 20 Sekunden mehrmals unter Wasser getaucht. Das war nicht nur unangenehm, sondern brachte ihm für lange Zeit soziale Ächtung und Schwierigkeiten seine Ware zu verkaufen.

Die neue Handel- und Gewerbefreiheit Anfang des 19. Jahrhunderts mit gleichzeitigem Aufkommen der Manufakturen bedeutet das Ende der Zünfte mit ihren starren Regeln und Gesetzen. An ihre Stelle traten die bis heute existierenden Innungen.

Erst mit der Industrialisierung und der Erfindung von neuen Backöfen änderten sich die Verfahrensweisen des Backens. Bis zu diesem Zeitpunkt wurde über Jahrtausende nach den gleichen Techniken des Backens und

Mahlens verfahren. Aber nicht nur die Herstellungsweise änderte sich, sondern auch die Qualität. Zitronensäure ersetzt den Sauerteig, Konservierungsstoffe und Auszugsmehl verlängern die Haltbarkeit, Quellmittel verhelfen zu höherem Gewicht, Enzympräparate garantieren gleichbleibendes Brot und künstliche Aromastoffe versprechen besseren Geschmack. Industriell hergestelltes Brot – vor allen Dingen Weißbrot – kann kaum Grundlage einer gesunden Ernährung sein. Im Gegenteil. Es kann Allergien und Krankheiten wie Karies, Übergewicht, Bluthochdruck, Verstopfung und Zöliakie (Glutenunverträglichkeit) mit hervorrufen, da dem Auszugsmehl der gesamte Vitamin-B-Komplex fehlt. Gerade das darin enthaltene Thiamin ist besonders für das einwandfreie Funktionieren von Gehirn und Nerven unerlässlich. Auch ein Grund, dass in den letzten Jahren ein Anstieg der Biobäckereien zu verzeichnen ist. Ebenso wie der Trend, sein Brot auch wieder selbst zu backen. Denn die eigentliche Vorgehensweise beim Brotbacken ist bis heute unverändert. Die Grundzutaten sind Mehl, Wasser, Salz und ein Triebmittel wie Sauerteig oder Hefe.

Achtung! Achtung!

Geschäfts-Eröffnung

Am Freitag, dem 23. Februar 1934 eröffne ich im Hause Dr. Goebbels-Str. 79 (früher Schulstr.) eine

Bäckerei u. Konditorei

Es ist mein Bestreben nur reelle und gute Waren zu führen und jedem Kunden gerecht zu werden.

Spezialitäten:
Ia Nährzwiebak
Rosinenstollen

Täglich frische Brötchen
Gebäck in nur guter Qualität und Ausführung
Auf Wunsch frei Haus.

Um geneigten Zuspruch bittet

Ewald Brante

Feinbäcker Brante

Welcher Bäcker holt heute noch die Zutaten für sein Brot selbst ab? Keiner, sollte man meinen: Das Mehl und das Salz werden in der Regel angeliefert, das Wasser kommt aus dem Hahn. Nicht so bei Andreas Brante: Für Wasser und Salz macht sich der Inhaber der Feinbäckerei Brante noch persönlich auf den Weg quer durch Bad Oeynhausen. Beladen mit zwei schweren Eichenfässern steuert er in seinem historischen VW-Transporter dann zwei Mineral- und Solequellen des Kurbads an. Unter Aufsicht eines städtischen Mitarbeiters zapft Andreas Brante hier das salzhaltige Wasser für seine einzigartige Brot- und Brötchenproduktion ab. „Dabei vermischen wir 9-prozentige Sole aus der einen Quelle mit 2,5-prozentiger aus der anderen", so seine Frau Sabine Marzian-Brante, „um den optimalen Salzgehalt zu erzielen, der unser Brot so schmackhaft macht." Und nicht nur der Geschmack überzeugt: Das Sole- und Colonbrot sowie die Solebrötchen sind zudem sehr eisen- und mineralhaltig und damit richtig gesund.

Gesund und lecker – diese Beschreibung trifft auch auf die anderen Back- und Konditorwaren aus der Feinbäckerei Brante zu. Dabei profitiert der Familienbetrieb von 75-jähriger Backerfahrung in dritter Generation. Genauso wie sein Vater Jürgen und sein Großvater Ewald versteht Andreas Brante seine Arbeit nach wie vor als Handwerk. „Auch wenn die Technik uns heute unterstützt, so stellen wir doch die meisten Backwaren in Handarbeit her. Maschinen können den Menschen das Gefühl für Lebensmittel schließlich nicht abnehmen", meint der Konditormeister: Individuell müsse man zum Beispiel den temperaturempfindlichen Natursauerteig führen. Aber auch das je nach Ernte unterschiedlich beschaffene Mehl bedarf der besonderen Aufmerksamkeit.

Handarbeit mit filigranem Geschick ist zudem gefragt, wenn es um die Herstellung der Konditoreiwaren mit eindrucksvollen Torten, feinen Kuchen sowie delikaten Pralinen oder originellen Marzipanfiguren geht. Wahre Kunstwerke für jeden Anlass kreieren und modellieren die Konditoren in der

Kontakt:

Feinbäcker Brante
Inhaber: Andreas Brante

Schulstraße 79 | 32547 Bad Oeynhausen
Telefon 05731/91394 | Telefax 05731/796459
www.baeckerei-brante.de

Backstube dabei ganz nach dem persönlichen Geschmack der Kunden – jedes Stück ein Unikat. So schön die kreativen Süßwaren auch sind, ihre Lebensdauer ist letztlich nur begrenzt. Zum Glück, denn der Verzehr lohnt sich allemal. Für den besonderen Geschmack sorgen beste Zutaten; die ausschließliche Verwendung von Butter ist ein obligatorisches Muss.

„Entweder backe ich selbst oder ich komme zu Ihnen!", sagt so manche Kundin. Es erstaunt wenig, dass die Verkäuferinnen immer mal wieder Sätze wie diese hören. Denn dass man bei Brante stets gleichbleibend gute Qualität erhält, dessen können sich die Kunden, die im Hauptgeschäft in der Schulstraße oder in einer der sieben Filialen Brote und Co. kaufen, sicher sein.

Verlassen kann man sich zudem auf eine freundliche Bedienung. Gerade bei den vielen Stammkunden gehöre zum Beispiel die persönliche Anrede mit Namen zum guten Ton, erzählt Verkaufsleiterin Sabine Marzian-Brante, die gute Beratung sowieso. Erst kürzlich habe wieder eine zufriedene Kundin den Chef persönlich angerufen, um den „besonders netten Service" zu loben.

Darüber hinaus freuen sich die Kunden über Aktionen, die die Bäckerei zum Beispiel in ihrem mobilen Verkaufsstand veranstaltet. Hier werden schon mal Berliner oder Quarkbällchen in den Filialen frisch gebacken oder man schaut den Konditoren beim Modellieren von Marzipan zu. Bei wem die Neugier geweckt ist, der darf gerne einen Blick in die Backstube werfen; mit Anmeldung gibt es auch Führungen. Wem das nicht reicht, der kann hier sogar seine Ausbildung absolvieren. „Bäcker und Konditor sind schließlich die schönsten Handwerksberufe", ist sich Andreas Brante sicher. Man habe es mit angenehmen, wohlriechenden Dingen zu tun. Außerdem könne man sehr kreativ tätig sein. Der Konditormeister weiß, wovon er spricht: Soeben macht er sich auf den Weg, um in den schweren Eichenfässern neues Solewasser zu holen …

Zutaten für 2 Brote:

Für das Quellstück: 55 g Sojaschrot | 20 g Kürbiskerne | 35 g Sonnenblumenkerne | 35 g Leinsaat 20 g Sesamsaat | 90 ml Mineralsolewasser 2,5 % (alternativ Wasser, Salz) | 80 ml Mineralsolewasser 9 % (alternativ Wasser, entsprechend etwas mehr Salz)

Für den Grundteig: 180 g Dinkelmehl Type 650 | 450 g Weizenvollkornmehl | 270 g Roggenvollkornschrot, fein | 20 g Roggenmalz | 300 ml Mineralsolewasser 2,5 % | 270 ml Mineralsolewasser 9 % | 290 g Natursauerteig (zum Beispiel vom Bäcker)

Solebrot

Für das Quellstück Zutaten vermengen und über Nacht quellen lassen.

Dann dieses mit den restlichen Zutaten zu einem Teig verkneten und in eine Kastenform geben. Darauf achten, dass das Wasser eine Temperatur von mindestens 30 °C hat. Für 70 Minuten im Backofen (Ober- und Unterhitze) bei 250 °C anbacken und auf 200 °C regulieren.

Bäckerei Bräuninger

Am Schnittpunkt alter Handelsstraßen mitten in Franken liegt Neustadt an der Aisch. Zwischen den malerischen Gassen und Winkeln wurde anno 1616 die Bäckerei Bräuninger gegründet, eine der ältesten Bäckereien Deutschlands. Jürgen Bräuninger schätzt die gewachsene Tradition, das Wissen und die Erfahrung seiner Bäckervorfahren sehr – nicht nur seine private Fachbuchsammlung mit über 2 000 Büchern zum Bäckerhandwerk zeugt davon. Er sagt aber auch: „Das beste Brot zu backen ist nur möglich, wenn man den Geschmack seiner Zeit kennt, den Zeitgeist spürt, dabei aber auch Tradition zu schätzen weiß."

Und dieser hat sich im Bäckerhandwerk in den letzten Jahren gewandelt, was unter anderem der Auslöser für Jürgen Bräuninger war, sich verstärkt auf das Marketing zu konzentrieren. Denn Werbung ist seiner Meinung nach wichtiger denn je, um dauerhaft im Gespräch zu bleiben. Und Tradition und Werbung sind kein Widerspruch für Jürgen Bräuninger. Für ihn ist der Anspruch, „seine Kunden immer wieder positiv zu überraschen", der zentrale Punkt seiner Vorgehensweise. Das erreicht er einerseits durch Produktinnovationen, andererseits durch regelmäßige Kampagnen, durch die die Backwaren der Bäckerei Bräuninger in der Region zu einem Markenzeichen geworden sind.

Ein gelungenes Beispiel dafür ist die Aktion „Komm ins Krapfen-Königreich" der Bäckerei. Unter diesem Motto sorgte er unter anderem mit einer pfiffigen Verpackungsidee dafür, dass der Umsatz der Berliner nicht mit dem Aschermittwoch endete. Auch noch danach verkauften sich die Krapfen ausgesprochen gut.

Seine Kunden können sich darauf verlassen, dass bei Bräuninger eigentlich immer etwas los ist. Er macht Werbung, die witzig ist, manchmal auch provoziert. Zum Beispiel seine Riesensalzstangen: die längsten Dinger der Stadt! Oder seine Brezen: Frisch gebacken und mit Butter bestrichen sind sie eine Delikatesse. Jeder kennt das Laugengebäck normalerweise geschlungen und mit schmalen Ärmchen. Allerdings sind da die meisten Menschen wohl einer Fälschung aufgesessen – laut Jürgen Bräuninger. Denn die Originalbrezen wird lediglich rund geschlungen und gibt es nur in Neustadt an der Aisch und im Umkreis von zehn Kilometern …

Kontakt:

Bäckerei Bräuninger
Inhaber: Jürgen Bräuninger

Kirchgasse 7 | 91413 Neustadt an der Aisch
Telefon 09161/2776 | Telefax 09161/61544
www.baeckerei-braeuninger.de

Gute Werbung hin, durchdachte Marketingstrategie her – das alles funktioniert natürlich nur, wenn das angebotene Produkt – ob Pfundskerl, Brezen oder Hefezopf – den Kunden schmeckt. Jedoch ist eine echte handwerkliche Backkultur heute nicht mehr selbstverständlich und es ist viel Fachkenntnis notwendig, bis aus scheinbar einfachen Zutaten wie Mehl, Sauerteig, etwas Hefe, Salz und Wasser ein knuspriges frisches Brot entsteht. Aber der hohe Anspruch an die eigenen Brote, kombiniert mit der langjährigen Erfahrung im Bäckerhandwerk, haben dazu geführt, dass die Konkurrenz von Jürgen Bräuninger immer noch im Vergleich die um einiges kleineren Brötchen backen muss. Ebenso hat die Devise von Beginn an „Klasse statt Masse" dazu geführt, dass seine Backwaren weggehen wie warme Semmeln.

Die Brotspezialitäten des Bäckermeisters sind nicht alltäglich. Es werden Brote geliefert, die mit garantiert echter Handarbeit entstanden sind. In der Roggenhochburg Franken dominieren hierbei dunkle, schwere und deftige Brote. Langsam gärende Brote mit einem Vor- und Hauptteig, die ihre Frische über Tage behalten und der herzhafte Geschmack sich sogar noch verstärkt. Denn je langsamer und schonender der Reifeprozess verläuft, desto feiner und aromatischer entwickelt sich der Geschmack von Roggenbrot. Durch Brotgewürze, die frisch gemahlen den Teigen zugegeben werden, erhalten die Brote ein unverwechselbares Aroma. Der beliebteste Vertreter im Sortiment der Bäckerei Bräuninger ist hierbei der Pfundskerl. Knackige Kruste und lockere Krume sind die Merkmale des Traditionsproduktes. Und nicht wenige Kunden kommen speziell in ein Fachgeschäft von Bräuninger, um dieses sechspfündige Meisterstück, welches hier seit 1753 aus der Backstube kommt, zu kaufen.

Zutaten:

Für den Sauerteig: 50 g Anstellgut für den Sauerteig (vom Bäcker)
570 g Roggenmehl Type 1370 (alternativ 1150) | 570 ml Wasser

Für den Grundteig: 430 g Weizenmehl Type 1050 | 865 g Roggenmehl Type 1370
215 g Roggenmehl Type 997 | 30 g Hefe | 55 g Salz | 5 g gemahlener Kümmel
810 ml Wasser

Pfundskerl

Anstellgut und Roggenmehl mit den 570 Milliliter Wasser gut vermischen. Den sehr flüssigen Sauerteig bei circa 20 bis 25 °C gehen lassen.

Weizenmehl, beide Roggenmehlsorten, Hefe, Salz, Kümmel und Wasser mit dem Sauerteig vermischen und dann circa 6 bis 8 Minuten auf kleiner Stufe in der Küchenmaschine kneten, dann noch etwa 2 Minuten etwas schneller – aber nicht auf der schnellsten Stufe – kneten. Knetet man den Teig von Hand, muss man mit der doppelten Zeit rechnen.

Den Teig 20 Minuten stehen lassen, dann formen. Den geformten Laib auf die 1 1/2-fache Größe gehen lassen.

Auf den Backofenboden und auf die mittlere Schiene ein Backblech stellen. Backofen auf 250 bis 260 °C vorheizen. Den Laib auf das heiße Blech auf der mittleren Schiene setzen. Nach 3 Minuten die Backofentür kurz öffnen und eine Tasse Wasser auf das Backblech auf dem Backofenboden gießen und die Tür sofort schließen.

Nach weiteren 12 Minuten die Temperatur auf 210 °C reduzieren. Jetzt das Brot noch weitere 95 bis 110 Minuten backen und mit der Klopfprobe feststellen, ob es gar ist. Auf einem Gitter abkühlen lassen.

Backhaus Dries und Panini

Wenn zwei Bäckermeister einen Bäckereibetrieb leiten, der eine zudem Konditormeister ist, der andere mit kaufmännischer Ausbildung, dann ist dies eine vielversprechende Kombination für ein erfolgreiches Unternehmen. Das Backhaus Dries in Rüdesheim am Rhein ist das beste Beispiel dafür.

Seit 1995 führen die Brüder Stefan und Martin Dries den Ende des 19. Jahrhunderts im Rüdesheimer Vorort Eibingen gegründeten Familienbetrieb in vierter Generation. Sie ergänzen sich dabei perfekt. Während Stefan Dries die Backstube leitet, an Herstellungsprozessen feilt und neue Rezepte entwickelt, kümmert sich sein Bruder um den Verkauf, die Verwaltung und das Marketing.

Wie Getreide und Brot elementare Bestandteile einer gesunden Ernährung sind, sind Brot und Brötchen elementare Bestandteile des Sortiments der erfolgreichen Bäcker. Speziell für das Segment Brötchen wurde die Marke Panini kreiert, gleichnamige Filialen folgten und begeistern täglich neu die Kunden mit exklusiven Brötchenkreationen. Der Slogan lautet: „Frische Brötchen machen glücklich". Und glücklich machen diese Brötchen wirklich. Glücklich und fit. Dafür sorgt die Anwendung eines innovativen, von Wissenschaftlern und Bäckermeistern entwickelten Verfahrens, das die große Kraft des Keims für die tägliche Ernährung nutzbar macht. Wahre Goldkeime, denn der Nährstoff- und Vitamingehalt von Getreide wird durch den kurzen Keimprozess im hauseigenen Keimapparat vielfach gesteigert. Freunde der leichten „Weißbackwaren" können sich freuen, denn durch den Zusatz von Dinkel- oder Weizenkeimlingen zu hellen Backwaren erhalten diese ein Höchstmaß an wichtigen Vitaminen und Ballaststoffen, die sonst nur in Vollkornprodukten enthalten sind. „Kerngesunde" Leckereien also.

Ständige Weiterbildung in ernährungswissenschaftlicher Hinsicht ist für die beiden Brüder selbstverständlich. Nicht umsonst ist Martin Dries ein gern gebuchter Referent zum Thema „Brot – elementarer Bestandteil einer gesunden Ernährung" in Schulen, Kindergärten, Sportvereinen und Fitnessstudios.

Auf die Frage nach dem persönlichen Lieblingsbrot antworten beide unisono: Dinkel-Vollkornbrot mit Goldkeimlingen. Dinkel, seit Jahrhunderten eine der wertvollsten Getreidearten, wurden schon von Hildegard von Bingen vor mehr als 800 Jahren besondere Eigenschaften zugeschrieben. Von der Backstube aus hat man einen direkten Blick auf die heutige Benediktinerinnen-Abtei St. Hildegard, eine wunderbare Inspirationsquelle für Stefan Dries, der das oben genannte Brotrezept natürlich selbst kreierte. Die Rezeptur besteht aus einer Kombination spezieller Vorteige, Dinkelvollkornmehl mit zehn Prozent selbst gekeimtem Getreide, Salz, etwas Backhefe und Wasser. Die lange Teigführung verleiht diesem Brot das volle, nussige und ausgereifte Aroma.

Viele weitere knusprige Köstlichkeiten verlassen mehrmals täglich die Backstube, in der in zwei Schichten gearbeitet wird. Trotz vielfältiger Bäckereitechnik werden viele Arbeitsschritte von Hand erledigt und traditionelle handwerkliche Verfahren angewandt.

Die Kombination von Natur und menschlicher Schaffenskraft, das Erfolgsgeheimnis der beiden Bäckermeister, spiegelt sich auch im Firmenzeichen des Traditionsunternehmens wider. Das markante „D" mit Getreideähre symbolisiert Familienname und Backkunst, das sonnige Gelb und das kräftige Blau stehen für die wichtigsten natürlichen Lebensgrundlagen: gesundes Korn und Wasser. Und so steht auch die Zukunft des Backhaus Dries ganz im Zeichen der Rückbesinnung auf traditionelle Werte der Backkunst: solides Handwerk und frische, natürliche Zutaten.

Mit der neuen Veranstaltungsreihe „Brot und Wein" schließt sich dann auch der Kreis zu einer weiteren Passion der Dries-Brüder. Weit über die Grenzen des Rheingaus hinaus wird hierbei diese jahrtausendealte Symbiose zelebriert, erläutert und genossen.

Kontakt:

Backhaus Dries GmbH und Panini
Inhaber: Stefan und Martin Dries

Fürstbischof-Rudolf-Straße 14 | 65385 Rüdesheim am Rhein
Telefon 0 67 22 / 90 66 00 | Telefax 0 67 22 / 90 66 07
www.backhaus-dries.de

Zutaten für 2 Brote:

Für den Vorteig: 300 g Dinkel, gemahlen oder fein geschrotet | 1 Msp. Hefe
350 ml Wasser

Für den Hauptteig: 700 g Dinkel, gemahlen oder fein geschrotet | 300 ml Wasser
24 g Meersalz | 8 g Hefe | 200 g Dinkelkeimlinge (aus Drogerie oder Reformhaus)

Dinkel-Vollkornbrot

Für den Vorteig Dinkelmehl mit der Hefe und dem Wasser verkneten. 24 Stunden ruhen lassen.

Für den Hauptteig aus Dinkelmehl, Wasser, Meersalz, der Hefe und dem Vorteig einen Teig kneten. Anschließend die Dinkelkeimlinge hinzugeben und unterkneten. Den Teig 40 Minuten ruhen lassen, danach in eine Form legen und, je nach Raumtemperatur, 40 bis 60 Minuten gehen lassen. Den Backofen auf 230 °C vorheizen, das Brot darin anbacken und die Temperatur direkt nach dem Einschieben auf 180 °C senken. Die Backzeit beträgt 45 bis 50 Minuten.

Effenberger Vollkornbäckerei

„Das ist ein reines Roggenbrot mit 100-prozentigem Roggenvollkornanteil." Die freundliche Verkäuferin hält ein dunkles Brot hoch, herrlich saftig und aromatisch duftend. Und wo komme das Mehl für das Brot her? Der interessierte Kunde schaut sein Gegenüber mit gesunder Skepsis fragend an. „Wir mahlen unser Mehl aus Roggen, Weizen, Dinkel sowie Hafer selbst - und das unmittelbar vor der Produktion." Der Geschmack sei dadurch besonders aromatisch, außerdem bleiben Vitamine, Enzyme sowie Mineral- und Ballaststoffe erhalten. Weiterhin erläutert die pfiffige Verkäuferin, dass sämtliche Rohstoffe von kleinen ökologischen Betrieben aus der Region kommen – und kann den qualitätsbewussten Kunden letztlich überzeugen.

„Hinter den Ladentheken in unseren Filialen stehen gelernte Bäcker und Meister", erklärt Thomas Effenberger das Fachwissen seiner Angestellten. „Bei uns kann und macht jeder alles." Regelmäßig werden die Aufgabenbereiche in der Effenberger Vollkornbäckerei dann je nach Bedürfnissen getauscht, damit der Job abwechslungsreich bleibe und natürlich Spaß mache. Dazu tragen zudem der große Verantwortungsspielraum und die Organisationsfreiheit bei, die der Chef seinen engagierten Mitarbeitern einräumt.

So entscheiden die Bäcker selbst, wann sie morgens mit ihrem Tagwerk beginnen: Hauptsache, sie schaffen ihr Brotsoll. Und das wiederum legen die Verkäufer in den sieben Filialen und den zwei mobilen Verkaufsständen fest. „Sie wissen schließlich am besten, wie viel und welches Brot im jeweiligen Stadtteil Absatz findet", so Effenberger, der ab und zu auch noch selbst in der Backstube oder hinter dem Verkaufstresen steht.

Den persönlichen Kontakt zu seinen Kunden sucht der passionierte Bäcker dabei genauso wie den zu seinen Lieferanten: Er fährt noch selbst zu den landwirtschaftlichen Betrieben vor den Toren Hamburgs, um sich von der Bioqualität seiner Rohstoffe zu überzeugen. Als studierter Landwirt teilt Effenberger dabei die Leidenschaft, mit der „seine" Bauern ihr Handwerk betreiben. Dass sein größtes Herzblut im Backhandwerk steckt, scheint in der Familie zu liegen: Der Vater besaß eine Bäckerei in Bremen, die er mit seinen Söhnen 1971 zur ersten Vollkornbäckerei Deutschlands umstrukturierte.

Bereits während Effenbergers Ausbildung im elterlichen Betrieb wurde komplett auf chemische Zutaten verzichtet. 1986 verwirklichte er seinen Traum, als er an der Rutschbahn 18 Hamburgs erste Bio-Vollkornbäckerei eröffnete. Sein Konzept war so einfach wie Erfolg versprechend: „Wir stellen ursprüngliche Produkte aus wenigen, aber guten Zutaten her." Frisch geschrotetes Getreide, Sauerteig, Wasser, Meersalz und ein guter Schuss Liebe – mehr

brauche es nicht für ein gutes Brot. An dieser Einstellung hat sich bis heute, 25 Jahre später, nichts verändert. Die Effenberger Vollkornbäckerei arbeitet überdies immer mehr darauf hin, ganzheitlich ökologisch zu produzieren. Dazu gehören neben den Bioprodukten eine optimale Ressourcennutzung, ein sparsamer Energieverbrauch sowie ein möglichst geringes Müllaufkommen.

Über sein umweltfreundliches Wirtschaften klärt der Backbetrieb seine Kunden gerne auf, sei es mit kleinen Flugzetteln oder Zertifikaten in den Läden, sei es während der Führungen an jedem letzten Samstag im Monat oder sei es in der Gläsernen Backstube am Bahnhof Dammtor. Hier, in Deutschlands erster Dinkel-Vollkornbäckerei, kann man live mitverfolgen, wie die Bäcker von 6 bis 20 Uhr Brote und Co. backen. Und natürlich bekommen die Kunden Informationen und nützliche Tipps auch von den kompetenten Verkäuferinnen und Verkäufern in der Effenberger Vollkornbäckerei!

Kontakt:

Effenberger Vollkornbäckerei
Inhaber: Thomas Effenberger

Rutschbahn 18 | 20146 Hamburg
Telefon 040/455445 | Telefax 040/454901
www.effenberger-vollkornbaeckerei.de

Zutaten für 2 Brote:

Für den Vorteig: 250 g Roggenvollkornmehl, frisch gemahlen | 100 g Weizenvollkornmehl, frisch gemahlen | 350 ml Wasser | 1 EL Backferment Grundansatz (im Naturkostladen oder Reformhaus)

Für den Grundteig: 500 g Dinkelvollkornmehl, frisch gemahlen | 150 g Weizen | 18 g Salz 350 ml Wasser

Dinkelmischbrot

Für den Vorteig alle Zutaten gut vermischen, abdecken und an einem warmen Ort (circa 28 °C) über Nacht etwa 12 bis 15 Stunden ruhen lassen.

Für die Teigzubereitung den Vorteig mit den übrigen Zutaten 10 Minuten intensiv kneten. Den Teig (etwa 28 °C) nun in gleich große Stücke teilen und ihn nach 35 bis 40 Minuten Ruhezeit auf einem gemehlten Arbeitsplatz noch einmal kneten und formen. In Backformen legen, mit Folie abdecken und die „Gare" 30 bis 60 Minuten warm stellen. Für den optimalen Gärpunkt mit einem Finger einen Abdruck in das Brot drücken. Bildet sich dieser nicht zurück (innerhalb einer Minute), ist die „Gare" fertig.

Die Brote 1 Stunde mit einer Anfangstemperatur von 270 °C backen, auf 230 °C herunterregulieren.

Tipp:

Eine elastische Kruste erhält man durch etwas Wasser im Ofen und zwei vorgeheizte Backsteine, auf die das Brot gelegt wird. Man erkennt das fertige Brot am hohlen Klang, wenn man mit dem Finger auf den Boden klopft.

Geschichte des Getreides

Getreide zählt zur Familie der Süßgräser und wird wegen seiner Körnerfrüchte kultiviert.

Vor ungefähr 10 000 Jahren, mit Ende der letzten Eiszeit, begannen die Menschen aus Wildgräsern Getreide zu züchten. Der Beginn des Getreideanbaus und die gute Lagerfähigkeit von Getreide war eine der Grundlagen dafür, dass Menschen anfingen sesshaft zu werden.

Das erste bekannte Anbaugebiet ist der Fruchtbare Halbmond, der heutige Vordere Orient (Israel, Syrien, Libanon, Türkei, Iran, Irak …). Dank der guten klimatischen Verhältnisse entstanden hier die ersten Getreidefelder mit den Weizensorten Emmer, Einkorn sowie Gerste.

Bislang ging die Forschung davon aus, dass der Getreideanbau über den Fruchtbaren Halbmond nach Ägypten gebracht wurde, aber neuere Forschungen glauben, dass auch Ägypten zu den Entstehungsgebieten gehört. Allerdings waren die Getreidesorten hier Sorghum, Hirse und Cypergras (Riedgras mit kleinen, essbaren Knollen). Die Urgetreide Einkorn, Emmer und Gerste sind für Ägypten das erste Mal um 5 000 v. Chr. belegt und haben die einheimischen Sorten relativ schnell verdrängt. Aus ihnen wurde bis ins 4. Jahrhundert v. Chr. Brot und Bier hergestellt. Erst dann brachte Alexander der Große Hartweizen nach Ägypten, der fast zum alleinigen Getreide avancierte.

Auch die Römer kultivierten neben Dinkel eigentlich nur Weizen für ihre Nahrung. Hafer verwendeten sie nur als Viehfutter, Roggen galt ihnen als schwarzes, unverdauliches Korn.

Während das gewöhnliche Volk Brot aus grobem Mehl oder Kleie (panis cibarius) aß, gab es Privatbäckereien, die für die gehobene Schicht Brot und Kuchen aus feinstem, weißem Mehl buken. Weißes Mehl war ein Zeichen von Wohlstand. Die Essgewohnheiten trennten den Adeligen vom niederen Volk, sozusagen die Spreu vom Weizen.

Weißbrot galt bis ins 18. Jahrhundert in Mitteleuropa als Luxusgut. Das fein gemahlene Weizen- oder Dinkelmehl konnten sich nur die Wohlhabenden leisten. Die gemeine Bevölkerung aß Brot aus dunklem, kleiehaltigem Mehl oder nur Getreidebrei. Erst in der Neuzeit, besonders mit der Französischen Revolution, wurde das Weißbrot ein Nahrungsmittel für jedermann. Ein Umdenken begann um 1920, als man anfing nach den Vitaminen in der Nahrung zu forschen. In den USA führen die Erkenntnisse, dass dem weißen, kleiefreien Brot die Vitamine fehlten dazu, dass 20 Prozent weniger Weißbrot gegessen wurde. Aber diese Erkenntnis führte nicht zu einem erhöhten Verbrauch des dunklen, nährhaltigen Brotes, sondern dazu, dass dem Brotteig chemisch künstliche Vitamine beigemengt wurden. Ein guter Grund, sein Getreide und Brot mit Sorgfalt zu wählen. Auszugsmehl und Fertigbrote aus industrieller Herstellung sind nicht nur nicht gesundheitsförderlich, sondern können dieser sogar schaden.

Heute sind sieben Getreidesorten für die menschliche Ernährung von Bedeutung: Weizen, Roggen, Gerste, Hafer, Mais, Reis und Hirse. Nur Weizen und Roggen gehören zu den Brotgetreiden, Hafer, Gerste, Hirse, Reis und Mais sind ohne Zugabe von anderen Getreiden nicht backfähig, da sie über keine Klebereigenschaften verfügen.

Aufbau eines Weizenkorns

Getreide ist ein wichtiges Nahrungsmittel für den menschlichen Stoffwechsel und die Verdauung. Es ist eiweiß- und kohlenhydratereich, liefert ungesättigte Fettsäuren und viele Vitamine sowie Mineralstoffe.

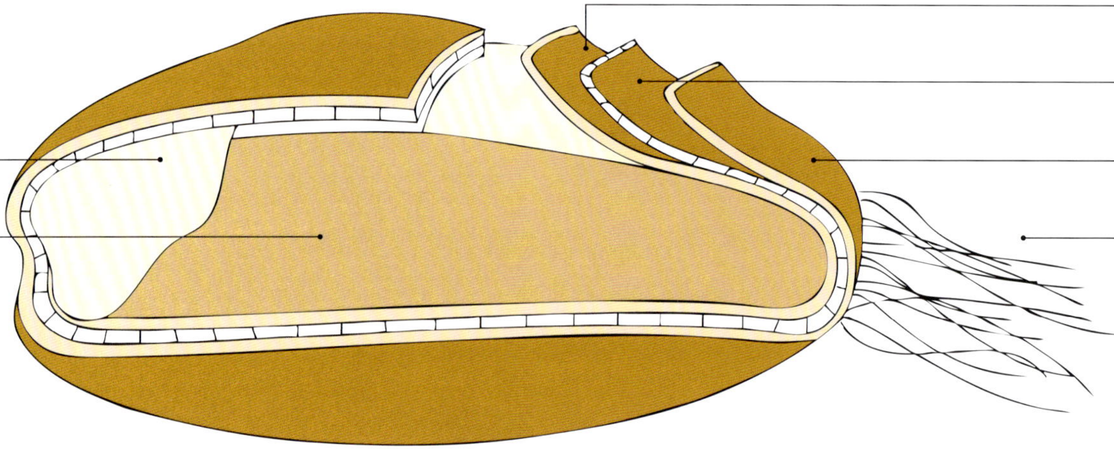

Im Kern des Korns stecken Eiweiße, Minerale und Vitamine, vor allem der B-Gruppe.

Die Frucht- und Samenschale liefert die für die Verdauung so wichtigen Ballaststoffe.

Der Mehlkörper ist der größte Bestandteil des Korns. Er liefert das fürs Backen wichtige Klebereiweiß, aber ihm fehlt es an Vitaminen und Mineralien. Aus ihm wird gebräuchliches Weizenmehl 405 hergestellt.

Elsass-Bäcker

Frankreich trifft ... Bayern, wo man es gar nicht vermutet. Etwa 80 Kilometer nordöstlich der bayerischen Landeshauptstadt München liegt der malerische Ort Schönberg, eingebettet in ein reizvolles tertiäres Hügelland und ganz nah an der Grenze zu Niederbayern. Hier, in dieser Bilderbuchlandschaft, hat sich eine elsässisch-bayerische Bäckerei etabliert, die seit gut 15 Jahren französische Brotkultur weit über den Dorfkern hinaus bekannt gemacht hat. Neben den blau-weißen Rauten des Maibaums flattert die Trikolore Frankreichs in blau-weiß-rot am Bäckerhaus, direkt neben der altehrwürdigen Pfarrkirche St. Michael. Der über 300 Jahre alte, ehemalige Pfarrhof ist es auch, in dem 1957 der Bäcker und Konditor Heinz Fichtl und seine Frau Barbara ihre Bäckerei gegründet haben.

Die Liebe zu deren Tochter Bärbel Fichtl war es, die den gebürtigen Elsässer Toni Jung 1994 schließlich in das 900-Seelen-Dorf verschlagen hat. Der Backbetrieb ist ein Paradebeispiel für einen reibungslos funktionierenden Generationenwechsel, denn der Senior hat noch im gleichen Jahr „übergeben" und damit die Gründung der Elsass-Bäckerei ermöglicht. Fünf Kinder, Nicole, Katrin, Nathalie, Lucia und Philipp, sind in der Backstube aufgewachsen, so ist die Nachfolge wohl schon gesichert. Beim Sonntagsfrühstück der großen Familie gibt es selbstverständlich das eigene französische Weißbrot – in Bayern früher liebevoll Französel genannt. Der Familienvorstand stammt aus Rittershoffen im Elsass, ebenfalls in einer hügeligen Region im östlichen Frankreich gelegen. Dort hat Toni Jung seine Bäckerlehre absolviert, besitzt einen französischen Gesellenbrief und – den deutschen Meistertitel.

„Zwischen Elsass und Bayern gibt es einen Bindestrich, der heißt Toni Jung", sagen die Leute hier, wenn sie das jetzt neu renovierte Geschäft betreten und das französisch-bayerische Sortiment in den Regalen hinter der Verkaufstheke bewundern. Die bayerischen Bäckereien von den verschiedensten Semmeln und Brezen oder die Brotauswahl wie Unertl-Weißbierbrot oder Schönberger Kruste liegen einträchtig neben den französischen Spezialitäten wie Baguette, Pain Paillasse, Banou oder Brioches. 300 Quadratmeter Produktionsfläche haben Backstube und Konditorei, dort sind heute 36 Mitarbeiter in Lohn und Brot.

„Weck den Franzosen in Dir", mit diesem Slogan macht Toni Jung auf seine französischen Backwaren aufmerksam, die sich von deutschen Produkten insbesondere durch die Weizenmehle unterscheiden. Sie kommen alle ausnahmslos aus Frankreich, sind besonders klebestark und für Baguette und Pain Paillasse bestens geeignet. Ja, das Pain Paillasse! Es wurde vom Genfer Bäckermeister Aime Pouly „erfunden". Der Schweizer gibt die originale Rezeptur nur an ausgesuchte Qualitätsbäcker weiter – wie an den „zugezogenen"

Elsässer in Schönberg. Neben dem Spezialmehl, Wasser, Salz und ein wenig Hefe braucht es eine sehr lange Ruhezeit bei niedriger Temperatur – so lange, dass sich der Bäcker unterdessen ruhig auf einem Paillasse – zu Deutsch: auf einem Strohsack – ein wenig aufs Ohr legen könnte. 80 verschiedene Aromen entwickeln sich, wenn der Bäcker dem Brotteig lange genug Zeit gibt, um richtig aufzugehen. Durch die lange Fermentierung wird Feuchtigkeit von der knusprigen Kruste im Inneren zurückgehalten und erlaubt höchsten Brotgenuss. Hauptmerkmal der langen, krummen und gedrehten Weißbrote aber ist die große Porung.

Ein französisches Baguette-Erzeugnis sind auch Banous, die fast nur von kleineren Backbetrieben handwerklich hergestellt werden können. Die charakteristische Form mit ihren spitzen Enden bildet sich allein durch das Bearbeiten von Hand. Der Elsass-Bäcker Toni Jung nimmt hierzu gleichfalls einzig hochwertige französische Weizenmehle zur speziellen Teigführung nach originaler Rezeptur. Die langen Teigruhezeiten zur Aromabildung spielen dabei ein wichtige Rolle und machen die Brötchen damit zu echten Spezialitäten. Das alles gibt es natürlich auch in den drei dazugehörigen Filialen in Lohkirchen, Neumarkt St. Veit und Massing – Frankreich lässt grüßen.

Kontakt:

Elsass-Bäcker
Inhaber: Toni Jung

Hauptstraße 3 | 84573 Schönberg
Telefon 0 86 37 / 3 78 | Telefax 0 86 35 / 73 29
www.elsass-baecker.de

Zutaten für 2 Brote à 370 g:

500 g Weizenmehl Type 550 | 350 ml kaltes Wasser | 10 g Salz | 5 g Frischhefe

Pain Paillasse

Alle Zutaten zu einem glatten Teig verkneten, bis sich der Teig von der Rührschüssel löst und Blasen wirft. Den fertigen Teig in eine leicht geölte Plastikschüssel einbringen (die Plastikschüssel muss dreimal so groß wie das Volumen des Teigs sein). Mit einer Frischhaltefolie abdecken und über Nacht in den Kühlschrank stellen (Kühlschranktemperatur 5 bis 7 °C). Am nächsten Tag den Teig aus dem Kühlschrank nehmen und eine Stunde bei Raumtemperatur stehen lassen. Anschließend den Teig auf eine bemehlte Tischplatte geben und in zwei gleiche Stücke teilen. Die Teigstücke in sich drehen, in die Länge rollen und auf einem Backblech mit Backpapier absetzen. Die Teiglinge erneut mit Frischhaltefolie abdecken und eine weitere Stunde im Raum stehen lassen. Danach leicht mit Mehl bestauben. Das Backrohr auf 250 °C vorheizen, die Brote in den Ofen geben und 20 bis 25 Minuten backen – bis sie schön goldbraun sind.

Holzofenbäckerei Eselsmühle

Im idyllisch gelegenen Siebenmühlental klappert das Mühlrad der Eselsmühle schon seit über 600 Jahren und die Mühle ist bis heute noch voll einsatzfähig, wenn sie zurzeit auch nicht zum Mahlen von Mehl eingesetzt wird. 1937 erwarb der Kaufmann Rudolf Gmelin die Mühle mit kleiner Landwirtschaft. In den Anfangszeiten verkaufte er sein Mehl noch persönlich. Er fuhr durch Stuttgart und Umgebung und bot sein Mehl feil, indem er mit einer lauten Handglocke auf sich aufmerksam machte. Die Bäckerei kam erst etwas später, eher zufällig, in die Familie. Als nach dem Krieg begonnen wurde Mehl chemisch zu bleichen, beschloss Rudolf Gmelin diesen Weg nicht mitzugehen. Er wollte sein Mehl naturbelassen weiterverarbeiten.

Zu Beginn brachte er die geformten Brotlaibe aus Teig in das nahe gelegene Musberg zu einem Bäcker, der für ihn das Brot buk. Bald baute er jedoch die erste eigene Backstube und Anfang der 1950er-Jahre wurde die Eselsmühle zum Demeter-Betrieb. Dieser Tradition ist Meinrad Bauer, der Enkel von Rudolf Gmelin, treu geblieben. Nach wie vor werden für die Holzofenbäckerei fast ausschließlich Demeter-Zutaten verarbeitet und konsequent auf chemische Hilfsmittel verzichtet.

Die Holzofenbäckerei ist die Spezialität der Eselsmühle, denn diese Art des Backens verleiht den Broten ein ganz besonderes Aroma und eine spezielle Kruste. Rund um die Uhr werden Brot und Brötchen in acht Holzöfen gebacken. Dass das knusprige Brot nicht ausgeht, dafür sorgen Bäckermeisterin Anne Dorer mit einem weiteren Meister und 15 Bäckern.

Dafür ist viel Handarbeit notwendig. Die Holzbacköfen werden mit Tannen- und Fichtenholz beheizt. Wenn das Holz weitgehend abgebrannt ist, wird die restliche Glut in einen Aschenkasten gezogen und danach „gehudelt". Der Hudel besteht aus einem Stück in Wasser getauchtes Sackleinen am Stiel, mit dem der Ofen vom Ruß der Holzkohle gesäubert wird. Das Hudeln muss blitzschnell gehen, damit der Ofen keine Hitze verliert. – Dieser Tätigkeit haben die Schwaben übrigens einen wichtigen Teil ihrer Lebensphilosophie zu verdanken, die da heißt: „No net hudle!", was auf Neudeutsch so viel bedeutet wie „Cool bleiben!"

Nur die jahrelange Erfahrung und das richtige Gespür bestimmen, wann die richtige Temperatur nach dem Aufheizen erreicht ist und das Brot eingeschossen werden kann. Der zeitliche Spielraum ist eng. Die langen

Kontakt:

Holzofenbäckerei Eselsmühle
Rudolf Gmelin GmbH & Co. KG
Inhaber: Meinrad Bauer
Eselsmühle | 70771 Musberg
Telefon 07 11 / 7 54 25 35 | Telefax 07 11 / 7 54 28 06
www.eselsmuehle.com

Teigführungen und natürlichen Gehzeiten der Brote müssen exakt auf die Heizzeiten abgestimmt sein, denn sind die Teiglaibe noch nicht oder zu reif, wenn sie in den Ofen geschoben werden, missrät das Brot.

Schnell werden nun die vorbereiteten Brotlaibe aus den Weidekörbchen gestürzt und mit geübtem Schwung im Ofen verteilt, kaum eine Handbreit der heißen Steine bleibt leer. Und schon nach zehn Minuten weht ein erster wunderbarer Duft von frisch gebackenem Brot durch das Backhaus und über das Gelände der Eselsmühle hinweg, der seinen Höhepunkt erreicht, wenn die knusprigen Brote frisch aus dem Backofen kommen.

Ob Elsässer Brötchen, Lupinen- oder Emmerbrot – wegen dieser Spezialitäten kommen viele Kunden in den Kaufladen der Eselsmühle. Obwohl sie diese auch in zahlreichen Bioläden oder Wochenmärkten der Umgebung erhalten könnten, die von der Eselsmühle beliefert werden. Aber der Einkauf wird gern mit einem Spaziergang durch die Felder verbunden. Und neben den Holzofenspezialitäten gibt es hier noch eine breite Palette an frischen Erzeugnissen, die von saisonalem Demeter-Gemüse und -Obst über Käse, Wurst und Fleisch in Bioqualität bis hin zur Naturkosmetik reicht. Die Eselsmühle hat sich mit ihrer Einzigartigkeit eine sehr erfolgreiche Nische geschaffen.

Bevor sich die Kunden dann auf den Weg nach Hause machen, lädt das historische Ambiente der Wassermühle viele noch zum Verweilen im Café oder in der Gartenwirtschaft ein. Vor dem Heimweg kann man sich dann mit einem Walnussring, frisch gebackenem Zupfkuchen oder auch einem Eselsohr stärken. Im Sommer wird diese Möglichkeit bei blauem Himmel und Sonnenschein besonders gern genutzt. Zwischen Träubles-Sträuchern oder unter dem Schatten der alten Linde sind die Gerichte in Bioqualität für viele Gäste eine willkommene Abwechslung.

Zutaten für 10 Stück:

500 g Demeter-Weizenmehl Type 550 | 320 ml Quellwasser (oder Leitungswasser)
10 g frische Hefe | 9 g Salz

Elsässer Brötchen

Mehl, Wasser, Hefe und Salz zu einem geschmeidigen Hefeteig kneten. Abgedeckt in einer Schüssel 24 Stunden gehen lassen. Nach circa 6 bis 8 Stunden den Teig 1- bis 2-mal leicht durchkneten. Dann weitere 6 bis 8 Stunden gehen lassen, durchkneten, nach weiteren 8 Stunden ein drittes Mal wiederholen. Die lange Ruhezeit des Teigs ist wichtig für ein gutes Gelingen, da dies bewirkt, dass der Teig eine besonders lockere, gröbere Krume bildet und die Brötchen knusprig-frisch schmecken.

Nun den Teig in Stücken von etwa 100 Gramm abwiegen, zu Brötchen formen und auf ein mit Backpapier ausgelegtes Backblech legen. Zwischen den Brötchen einen Abstand von 5 Zentimetern lassen. Die Brötchen abgedeckt nochmals circa 30 Minuten gehen lassen. Backofen auf 230 °C vorheizen.

Brötchen etwa 3 Minuten in den heißen Backofen geben. Backofen 2 Minuten öffnen, die Temperatur auf 180 °C reduzieren und weitere 15 bis 20 Minuten backen, bis sie eine goldgelbe Farbe angenommen haben.

Der Bäcker Fischer

Tritt man in eines der Fachgeschäfte der Bäckerei Fischer, lässt einen sofort der Duft nach frischem Brot das Wasser im Munde zusammenlaufen. Die knusprigen Backwaren werden schon seit Jahrzehnten in Rothenburg ob der Tauber und Umgebung erfolgreich verkauft und die Bäckerei Fischer hat einen ausgezeichneten Ruf. An dieser Reputation wurde auch hart und erfolgreich gearbeitet. Und unter der Leitung von Marcus Fischer hat sich der Betrieb in den letzten Jahren stark weiterentwickelt.

Der Bäckereibetrieb, den er mit ursprünglich vier Zweigstellen von seinen Eltern übernahm, hat heute über 20 Filialen, für die er auch ein neues Konzept entwickelte. Wo andere Großbäckereien die Konformität suchen, damit der Wiedererkennungswert möglichst hoch ist, setzt Marcus Fischer auf Individualität. Kein Laden gleicht dem anderen. Jedes Geschäft hat ein eigenes Motto mit einem eigenen Einrichtungskonzept: Die Kornstube, der Brotkasten oder das Knusperhäusle sind Beispiele dafür. Und dennoch weiß jeder Kunde sofort, wenn er durch die Tür tritt, dass er sich bei Bäcker Fischer befindet – schlicht durch das unverwechselbare Brotangebot. Das markanteste Aushängeschild ist dabei das hausgemachte, knusprige Holzofenbrot. Im gemauerten Holzbackofen bei knisternder Hitze gebacken, erhält das Brot, während die Holzscheite langsam verglühen, seinen unnachahmlichen Geschmack und seine knackige Kruste.

Die Expansion der letzten Jahre wird von manchen Kunden kritisch gesehen. Denn oft wird gutes „echtes" Bäckerhandwerk noch mit der romantischen Vorstellung verknüpft, dass ein Bäcker nachts in der Backstube zu stehen hat, für jede Brotsorte nach eigenen Rezepten aus großen Säcken mit einer Mehlschaufel das Mehl entnimmt, abwiegt, die Brotlaibe von Hand formt, um dann seinen Kunden am Morgen mehr als 25 verschiedene Brotsorten anbieten zu können. Im Gegenzug wird größeren Bäckereien oft unterstellt, dass sie auf Fertigmischungen und Backhilfsmittel zurückgreifen.

Interessanterweise ist die Realität oft genug genau umgekehrt. Auf jeden Fall bei der Bäckerei Fischer. Und die Argumentation ist schlüssig. Denn erst ab einer bestimmten Betriebsgröße mit genügend Bäckern und einer dadurch entsprechend vorhandenen Arbeitskapazität ist es möglich, die Wünsche der Kunden nach großer Sortenvielfalt bei Brot und Brötchen, Kuchen und Torten noch mittels Handarbeit umzusetzen – ohne die Verwendung von Convenienceprodukten.

Verantwortlich für den einzigartigen Geschmack und die Qualität der Brotsorten sind bei Bäcker Fischer die Originalrezepte der Familie sowie der Einsatz von regelmäßig kontrollierten Zutaten, die von Erzeugern aus der heimischen Region bezogen werden. Die Zutaten jedes Lieferanten werden vorab gründlich geprüft, genauso wie jede neu entwickelte Brotkreation von Hans Förster, dem leitenden Bäckermeister der Produktion, erst ausgiebig getestet wird. Bis zu 50 Backvorgänge muss ein neues Produkt durchlaufen, bevor es in den Verkauf kommt.

Marcus Fischer ist ständig auf der Suche nach neuen kreativen Ideen. Stillstand ist Rückschritt. Er unterwirft sich aber keinen Trends. Im Gegenteil – er setzt neue. 2008 hat er unter anderem dafür den Marktkieker erhalten – sozusagen den Bäcker-Oscar –, der wichtigste Unternehmerpreis der Backbranche Deutschlands. Der Bäckermeister sucht sich gezielt Bereiche heraus, die zu seinem Stil passen, wie sein neues Nudelkonzept, das er in seinem neuesten Café Brot & Zeit anbietet. Innerhalb kürzester Zeit wurde das Café ein wahrer Besuchermagnet. Von morgens bis abends trifft sich dort ein bunt gemischtes Publikum zum gemütlichen Plausch. Dort kann man dann neben vielen Brotsnacks auch Nudelgerichte genießen. Die Nudeln werden frisch mit einer echten italienischen Nudelmaschine hergestellt, die Pasta wird vor den Augen der Kunden zubereitet und serviert.

Bei allen neuen Ideen steht jedoch bei Marcus Fischer immer eines im Vordergrund: das Brot und dessen Qualität. Hier schließt der Bäckermeister keine Kompromisse. Denn seine Käufer haben eine hohe Erwartungshaltung, die er täglich aufs Neue bestätigen will und muss.

Kontakt:

Der Bäcker Fischer GmbH & Co. KG
Inhaber: Marcus Fischer

Alte Steige 29 | 91616 Neusitz / Rothenburg ob der Tauber
Telefon 0 98 61 / 9 40 80 | Telefax 0 98 61 / 94 08 94
www.der-baecker-fischer.de

Zutaten:

Für den Sauerteig: 300 g Roggenmehl Type 1370 | 250 ml Wasser
10 g Anstellgut-Reifer-Sauerteig (frisch vom Bäcker)

Für den Grundteig: 600 g Roggenmehl Type 1370 | 400 g Weizenmehl Type 1050
800 ml Wasser | 32 g Salz | 16 g Hefe

Original Holzofenbrot

Für den Sauerteig das Roggenmehl mit dem Wasser und dem Anstellgut zu einem mittelfesten Teig kneten. In einer Schüssel zugedeckt 18 bis 24 Stunden reifen lassen.

Aus dem Roggenmehl, Weizenmehl, Wasser, Salz und Hefe und dem angesetzten Sauerteig einen weichen Brotteig kneten. In der Küchenmaschine langsam – mindestens 10, besser 15 Minuten – kneten lassen.

Den Teig 30 bis 40 Minuten bei Zimmertemperatur reifen lassen. Aus dem Teig einen runden oder langen Laib formen und in einen bemehlten Brotnapf legen (ersatzweise eine Schüssel mit einem sauberen, bemehlten Küchenhandtuch auslegen) und circa 45 bis 60 Minuten gehen lassen.

Das Brot in den Holzofen einschießen und mindestens 2 Stunden backen.

Wichtig:

Dieses Rezept ist nur zum Backen im Holzofen geeignet, zum Beispiel im örtlichen Backhaus. In einem normalen Backofen entwickelt das Brot nicht die entsprechende Kruste und das typische Aroma.

Bäckerei Konditorei Frick

Eingebettet in eine einzigartige Landschaft – die Alpen und den Bodensee in Sichtweite – liegt Weingarten. Nicht weit vom Wahrzeichen der Stadt entfernt, der Basilika St. Martin, befindet sich das Hauptgeschäft der Bäckerei Frick. Deren Geschichte reicht zwar nicht so weit zurück wie die der größten Barockkirche Deutschlands, aber bereits im Jahr 1903 wurde die Firma Frick von Franz Frick gegründet. Heute wird das Unternehmen von Josef Frick, dem Bäckermeister der dritten Generation, geführt. Unterstützt wird er dabei bereits seit 15 Jahren von seiner Tochter Monika Lipp, die als Geschäftsführerin in vierter Generation tätig ist und den Betrieb weiterführen wird. In diesen über 100 Jahren konnte der Betrieb kräftig expandieren: Es gibt neben dem Hauptgeschäft in Weingarten mittlerweile fünf Filialen. Was die Zukunft seiner Bäckerei betrifft, hat Josef Frick keine Bedenken – trotz verschärfter Konkurrenz durch Backshops und billiger Industrieware in Supermärkten.

Als optimale Mischung für den Erfolg der Bäckerei Frick erwiesen sich die Modernisierungen und Investitionen in neue Technologien sowie die Konzentration auf echte traditionelle handwerkliche Backkultur nach bewährten betriebseigenen Rezepten.

Beste Zutaten und Produkte aus der Region werden bevorzugt: Das Mehl kommt beispielsweise von der Stelzenmühle Eggmannsried/Bad Wurzach, die wiederum ihr Korn für die Dinkel-, Weizen- und Roggenmehle von oberschwäbischen Landwirten bezieht und somit kann der Weg des Getreides von der Aussaat bis zur Verwendung in den Backwaren nachvollzogen werden. Für die Vollkornspezialitäten wird das Vollkornmehl täglich frisch in der Bäckerei Frick gemahlen. In sämtlichen Gebäcken wird nur reine Butter verwendet. Diese sowie Käse, Quark, Milch und Sahne stammen aus der Käserei Bauhofer in Kofeld/Waldburg. Auch das saisonale Obst kommt von Landwirten aus Oberschwaben und dem Allgäu.

Hinzu kommt, dass Josef Frick sehr exakte Vorstellungen hat, wie frisches Brot und knusprige Brötchen zu schmecken haben. So beweist der Bäckermeister mit seinem Team täglich aufs Neue, dass schmackhafte Brote und Gebäck – bei trotzdem fairen Preisen – keine Emulgatoren, Geschmacksverstärker oder Stabilisatoren benötigen. Natürlich gereifter Vorteig und ausschließlich eigener Natursauerteig für Roggenbrote waren früher und sind auch noch heute im Hause Frick die Backmittel der Wahl. Nichts anderes als Mehl, Wasser, Sauerteig, Hefe und Salz kommt in die Brote.

Die Bäckerei Frick ist daher auch eine SlowBaking-Mitgliedsbäckerei und seit 2005 voll zertifiziert. SlowBaking (Langsames Backen) ist eine Initiative gegen die heutige „Backautomatenkultur" der schnell gebackenen Brote und Brötchen. Das heißt aber jetzt nicht, dass die Bäcker in der Backstube im Schneckentempo arbeiten oder die Kunden beim Brötchenkauf längere

1000 g
Weißbrot

Wartezeiten in Kauf nehmen müssen. „Langsames Backen" heißt, den Teigen genügend Zeit zu geben, um langsam und schonend zu reifen, damit sich Geschmack und Aroma richtig entwickeln können. Es wird sich rückbesonnen auf alte Backtraditionen – Fertigmischungen sind tabu. So wird Brot ein sinnliches Erlebnis und ist ein Beitrag zur gesunden Ernährung und damit ein Stück Lebensqualität.

Das Ergebnis der Sauerteigbrote und Laugenbrötchen, aber auch Plunderstücke oder Apfelkuchen, die nach SlowBaking-Grundsätzen gebacken werden, spricht für sich: Die Kunden der Bäckerei Frick lassen gern mehrere andere Bäckereien auf dem Weg zu „ihrem" Bäcker links liegen, laufen durch die halbe Stadt, um hier ihre Brötchen zu kaufen. Nicht nur, weil sie wissen, dass die Brezeln – eine der Spezialitäten, für die die Bäckerei Frick überregional bekannt ist – als auch die verschiedenen Brötchensorten bis in den späten Mittag hinein immer frisch gebacken werden. Und das Schildchen mit der Schnecke und dem Steinbackofen als Häuschen, das die Bäckerei Frick als SlowBaker auszeichnet, ist für jeden Kunden die Garantie dafür, dass man hier gutes Brot und gute Brezeln erhält.

Kontakt:

Bäckerei Konditorei Frick KG
Inhaber: Josef Frick

Schützenstraße 7–9 | 88250 Weingarten
Telefon 07 51 / 4 61 81 | Telefax 07 51 / 5 39 18
www.baeckerei-frick.de

Zutaten für circa 20 Stück:

1 kg Mehl Type 550 | 520 ml Wasser | 1 Würfel Hefe (42 g) | 60 g Butter
20 g Salz | 10 g Zucker

Für die Herstellung der Lauge: 90 g Kaisers Natron (im Lebensmittelhandel/Drogerie erhältlich)
1 l Wasser

Zum Bestreuen der Brezeln: 2 EL Hagelsalz

Schwäbische Brezeln

Mehl, Wasser, Hefe, Butter, Salz und Zucker zu einem Teig vermischen und sehr gut durchkneten. Den fertigen Teig abgedeckt 20 bis 30 Minuten an einem warmen Ort ruhen lassen.

Teigstücke von circa 80 Gramm abwiegen, zu Strängen ausrollen und Brezeln schlingen. Die Brezeln nochmals etwa 20 bis 30 Minuten gären (gehen) lassen.

Nun die Brezeln etwa 1 Stunde bei 4 °C (im Kühlschrank) kühl stellen und absteifen lassen. Dann werden die Brezeln gut in Form gehalten.

Natron in 1 Liter Wasser auflösen, gut aufkochen und etwas ziehen lassen.

Backofen auf 230 °C vorheizen. Brezeln in die Lauge tauchen oder auf einem Gitter übergießen. Brezeln oben leicht einschneiden, mit etwas Hagelsalz bestreuen und auf ein mit Backpapier ausgelegtes Blech legen. Die Brezeln circa 18 Minuten backen und auf einem Gitter abkühlen lassen.

Landbäckerei
GEIGER
KONDITOREI
Landbäckerei
GEIGER
KONDITOREI

Landbäckerei Geiger

Vom Frühstück bis zum Feierabend für jeden Gaumen die richtige Brotsorte anzubieten ist nicht einfach, für die Landbäckerei Geiger aber sichtbar kein Problem: Täglich werden alle Brote und Brötchen, ob das Gestreifte, Zwoffelbrot oder Kürbiskernbaguette, frisch gebacken. Bei dem vielfältigen Sortenangebot bedeutet dies viel Arbeit. Aber seit Ralf Geiger die Produktion am heutigen Standort in Villingendorf aufnahm, ist es für die Ofenführer und Teigmacher angenehmer geworden zu arbeiten, denn moderne Misch- und Rühranlagen übernehmen die körperliche Schwerstarbeit. Die Handarbeit der Bäcker und Konditoren jedoch bleibt. Auch heute noch muss ein guter Teig von Hand bewegt, beurteilt und individuell behandelt werden. Der Mensch mit seinen Ideen und handwerklichen Fähigkeiten wird gebraucht und gefordert. Ralf Geiger und seine Bäckermeister bewahren so einerseits die Tradition, die gesammelten Erfahrungen und das Wissen. Andererseits entwickeln sie gemeinsam Produkte weiter, passen sie aktuellen Erkenntnissen und Trends an.

Bei Letzterem spielt der Servicegedanke keine unerhebliche Rolle. Auf Kundenwünsche wird gern eingegangen, dies zeigt allein schon die Auswahl bei den Brezeln. Hier haben die Käufer die Wahl zwischen neun Sorten: hell, mittel oder dunkel gebacken, mit viel, mittel oder wenig Salz …

Anregungen von Kunden finden ebenfalls den Weg in das breit gefächerte Backwarenangebot. Nur ein Beispiel: Auf Wunsch einer Kundin – die ihre Ernährung umstellte, trotzdem aber Wert auf Genuss legte – wurde das Glyx-Brot entwickelt. Und wurde ein voller Erfolg, nicht nur bei dieser einen Kundin. Nicht zuletzt weil der Geschmack und die Frische bei allen Broten der Landbäckerei Vorrang vor der Herstellungsweise haben. Und das bedeutet dem Brot Zeit zu geben, damit eine volle Aroma-Entwicklung erreicht wird.

Ein herzhafter Käse muss reifen, das ist eine Selbstverständlichkeit – beim Brotbacken verhält es sich nicht anders, wenn das auch nur wenige wissen. Erst die richtige Lagerung bringt den Geschmack, denn je langsamer und schonender der Reifeprozess verläuft, desto feiner und ausgeprägter entwickeln sich die Aromen in Pain Paillasse, Spitzwecken oder Haferkrusti. Ein langsam gärendes Brot mit einem Vorteig und einem Hauptteig, das über zwölf bis 24 Stunden reift, behält seine Frische über Tage, wobei der Geschmack sich sogar noch verstärkt. Und genau wie die Löcher im Käse sind die Löcher zum Beispiel im Pain Paillasse ein Qualitätsmerkmal für eine optimale Reife und Garant für besten Geschmack.

Schon Jakob Geiger, Bäckermeister und Gründer der Landbäckerei, war dies bewusst, als er 1973 einen lang gehegten Wunsch mit seiner ersten Bäckerei in Villingendorf verwirklichte und sich selbstständig machte. Die Geschichte der Landbäckerei Geiger war wechselhaft. Durch die sich ständig ändernden Herausforderungen auf dem Markt für Backwaren musste der Laden einmal verkleinert werden, dann war wiederum Expansion gefragt. Unabhängig davon war aber das Hauptkriterium beim Verkauf der Backwaren immer die Qualität. Denn sowohl Vater Jakob als auch Sohn Ralf war klar, dass im

Kontakt:

Landbäckerei Geiger
Inhaber: Ralf Geiger

Rottweiler Straße 40 | 78667 Villingendorf
Telefon 07 41 / 3 48 60 60 | Telefax 07 41 / 34 86 06 28
www.landbaeckerei-geiger.de

Mittelmaß noch niemand langfristig Erfolg gehabt hat. Daher war und ist es ihnen wichtig sich aus dem Geschmackseinerlei am Markt herauszuheben; sich nicht einer einfachen und schnellen Herstellungsweise unterzuordnen.

Mangelnde Schnelligkeit in einem anderen Bereich kann man Ralf Geiger jedoch nicht vorwerfen, denn den Zeitmangel seiner Kunden hat er nicht nur durch raschen und guten Service in seinen Bäckereien immer im Auge. Er hat auch einen Drive-in für eilige Kunden gebaut, den man eigentlich sonst nur aus anderen Nahrungsbereichen kennt. In der Landbäckerei erhält man im Drive-in aber garantiert gesunde, frische und nahrhafte Lebensmittel.

Zutaten:

400 g Roggenvollkornmehl | 200 g Weizenvollkornmehl | 200 g Dinkelvollkornmehl
200 g Roggenschrot | 600 ml lauwarmes Wasser | 1 Würfel frische Hefe (42 g) oder
1 Beutel Trockenbackhefe | 1 Beutel Natursauerteig (150 g) oder 1 Beutel Trockensauerteig
2 gestrichene TL Salz | 2 TL gemahlener Koriander | 1 TL gemahlener Kümmel
2 TL Fenchelsamen
Fett für das Backblech | Mehl zum Bestäuben

Glyx-Brot

Alle Mehlsorten und das Roggenschrot in einer großen Rührschüssel vermischen, in die Mitte eine Mulde drücken. Die frische Hefe hineinbröckeln und in 3 Esslöffeln lauwarmem Wasser auflösen.

Anschließend alles mit Sauerteig, Salz, Koriander, Kümmel und den etwa 600 Millilitern lauwarmen Wassers vermischen und den Teig kräftig kneten (8 Minuten langsam, anschließend 3 Minuten schnell in der Küchenmaschine). Dann die ganzen Fenchelsamen unterkneten. Den Teig zugedeckt etwa 2 Stunden ruhen lassen, bis sich sein Volumen verdoppelt hat.

Den Backofen auf 225 °C (Umluft 200 °C) vorheizen. Ein Backblech einfetten und mit Mehl bestäuben. Den Teig mit den Händen nochmals gründlich kneten. Einen runden Laib formen und weitere 30 Minuten gehen lassen.

Den Brotlaib mit Wasser bestreichen. Mit einem scharfen Messer von der Mitte zum Rand strahlenförmige Einschnitte machen. Einen Topf mit kochend heißem Wasser auf den Boden des Backofens stellen, das Brot im Ofen (Mitte) etwa 1 Stunde backen. Auf einem Gitter abkühlen lassen.

Varianten: Das Brot wird noch würziger, wenn Sie statt Wasser Molke für den Teig verwenden. Für ein kerniges Brot 100 Gramm Sonnenblumenkerne oder grob gehackte Kürbiskerne anrösten und untermischen.

Tipp:

Trocken, kühl und luftig gelagert, zum Beispiel im Brotkasten, hält es sicher eine Woche. Oder frieren Sie es portionsweise ein.

STOLLEN-ZACHARIAS

Godi's Backstube

Ab der zweiten Oktoberwoche laufen in Godi's Backstube die Öfen auf Hochtouren. Die Bäcker haben nun alle Hände voll zu tun. Jetzt beginnt die Weihnachtszeit, zumindest für den Hildesheimer Bäcker. Denn Weihnachtszeit heißt Stollenzeit. Und die endet hier nicht mit Weihnachten, sondern verlängert sich um ein paar Wochen. „Erstaunlich, aber wahr: Die Kunden möchten unsere Stollen auch nach den Festtagen noch genießen", freut sich Godehard „Godi" Höweling. Die Begeisterung gehe so weit, dass der Stollenbäcker sogar über das ganze Jahr hinweg seine Spezialitäten „in abgeschwächter Form" anbiete, wie die Bischofsmützen oder den Passionsstollen zu Ostern.

Der Hildesheimer Domstollen sowie der Nieder-Sachsenstollen sind dagegen eigens kreierte Weihnachtsstollenspezialitäten mit typischen Gewürzen, deren Zusammensetzung natürlich streng geheim ist. Godehard Höweling verrät nur so viel: „Beste Zutaten und die ganze Leidenschaft des Bäckerberufs stecken in unseren klassischen Handwerksstollen. Schon beim Öffnen einer jeden Tüte müssen Kindheitserinnerungen in unseren Herzen wieder erweckt werden. Wenn einem der Duft von Weihnachten in die Nase steigt, dann haben wir alles richtig gemacht."

Zufriedene Genießer finden sich in der gesamten Republik, sogar einige Dresdner lieben den Nieder-Sachsenstollen. „Die ungewöhnliche Schreibweise ist eine Hommage an Sachsen, das Land des Stollens", zwinkert Inhabergattin Doris Höweling: „Denn nicht nur dort schmeckt er gut." Stimmt: Das Hildesheimer Stollensortiment wurde schon mehrfach von einer Fachjury mit dem Stollen-Zacharias ausgezeichnet. Diesen Preis erhalten Fachgeschäfte im gesamten Bundesgebiet für kreative Marketingkonzepte und hervorragende Stollenqualität.

In den Genuss der prämierten Hildesheimer Spezialität ist sogar der Papst gekommen. Während einer Audienz im Vatikan haben Godehard Höweling und sein Bruder Bernward ihren Domstollen dem Heiligen Vater persönlich überreicht. Besonders die historische Bedeutung des Stollens war Thema des Gesprächs, erinnert sich Höweling gern zurück. Der Besuch und nicht zuletzt der Stollen scheinen einen bleibenden Eindruck hinterlassen zu haben. Im Buch „Und plötzlich Papst" werden die zwei Hildesheimer sogar erwähnt.

Kontakt:

Godi's Backstube
Inhaber: Godehard Höweling

Sankt-Godehard-Straße 42 | 31139 Hildesheim
Telefon 0 51 21 / 69 13 25 | Telefax 0 51 21 / 28 38 20
www.godis-backstube.de

Ebenfalls sehr aufregend sei der Besuch bei Niedersachsens Ministerpräsident gewesen, berichtet der Bäckermeister. Dass Christian Wulff der im Aroma etwas kräftigere Nieder-Sachsenstollen schmeckte, beweist nicht zuletzt sein Gegenbesuch in Godi's Backstube. „Ihm zu Ehren haben wir ein großes Fest veranstaltet", so Doris Höweling: „Kaffee und Kuchen gab es für alle Gäste gratis – ein Dankeschön an unsere Kunden."

Nicht zuletzt sind es Aktionen wie diese, die Godi's Stollen so bekannt – und beliebt – gemacht haben. Produktionssteigerungen von anfangs 400 Kilogramm im Jahre 2002 auf heute mehrere Tonnen sprechen für sich. Der anhaltende Erfolgskurs ist vor allem aber auf den aromatischen Geschmack sowie die gute Qualität zurückzuführen. Dies gilt übrigens für alle anderen Back- und Konditorwaren, die man das gesamte Jahr über in der Bäckerei bekommt. Sehr beliebt sind zum Beispiel das Gersterbrot, der Butterkuchen oder das reichhaltige Brötchensortiment, die in der angeschlossenen Backstube ofenfrisch und lecker produziert werden. Die tägliche Qualitätskontrolle übernimmt der Inhaber, der morgens als Erster kommt und mittags als Letzter geht, dabei stets selbst. Außerdem backt Höweling ein neues Produkt stets zwei bis drei Mal Probe, bevor er es verkauft.

Auch bei seinen Stollen kennt der Bäcker keinen Spaß: Bevor die Saison beginnt, werden stets kleine Proben gebacken, ehe es in der zweiten Oktoberwoche in der Backstube wieder heiß (und duftend) hergeht.

Zutaten für 7 Stück:

Für die Früchtemischung: 1 kg Rosinen | 200 g geröstete Mandeln | 100 ml Orangensaft
Für den Teig: 1 kg Weizenmehl Type 405 oder 550 | 400 g Butter | 150 g Zucker
300 ml Vollmilch | 2 Eier | 80 g Hefe | 100 g Marzipan | 20 g Salz | abgeriebene Schale einer unbehandelten Zitrone | Mark einer Vanilleschote
Zum Bestreuen: Butter | Vanillezucker
Zum Bestäuben: Puderzucker

Bischofsmützen

Früchtemischung einen Tag vorher ansetzen. Rosinen mit kaltem Wasser gut durchwaschen, abtropfen lassen, Mandeln und Orangensaft dazugeben. Über Nacht bei Zimmertemperatur mit einem feuchten Tuch abgedeckt stehen lassen.

Für die Teigherstellung alle Zutaten vermischen und gut durchkneten, bis der Teig sich gut von der Arbeitsfläche lösen lässt. Danach 30 Minuten ruhen lassen. Die vom Vortag eingeweichten Früchte unter den Teig mengen und nochmals eine Ruhezeit von 20 Minuten einhalten. Jetzt den Teig in jeweils 500 Gramm schwere Portionen teilen. Diese zu runden Ballen formen, auf ein Blech legen und etwas andrücken. Wenn der Teig aufgegangen ist, kreuzartig einschneiden. Im vorgeheizten Backofen bei 210 °C goldgelb für 40 bis 45 Minuten (je nach Ofentyp) backen.

Die fertigen Bischofsmützen mit aufgelöster Butter abstreichen und dem Vanillezucker bestreuen. Am besten einen Tag auskühlen lassen, damit sich das Aroma im Gebäck entfalten kann. Am nächsten Tag mit Puderzucker bestäuben.

Vom mühsamen Mahlen zu mahlenden Mühlen

"So lange Mühlen steh'n, so lange Menschen sind, werd'n Mühlenräder geh'n, durch Wasser, Dampf und Wind. Glück zu!"

(Alter Müllerspruch)

Getreide als pures Korn ist schwer verdaulich für den menschlichen Körper. Erst durch das Mahlen wird es genießbar. Seit dem Neolithikum gab es zwei Möglichkeiten Körner zu Mehl zu verarbeiten. Bei kleineren Mengen kam der Mörser zum Einsatz, bei größeren der Reibstein.

Im Alten Ägypten war das Kornmahlen reine Frauensache. Zwischen dem größeren Reibstein und dem kleineren Läufer oder Handläufer wurde das Korn durch Vor- und Rückwärtsbewegungen zermahlen. Der Ertrag der mühseligen Arbeit war gering. Eine Frau brauchte zwischen sieben und acht Stunden, um zwei Kilogramm Mehl zu produzieren. Der durchschnittliche Mehlverbrauch lag bei 700 Gramm pro Person. In einer Familie mit vier Personen musste also eine Person den ganzen Tag mahlen, um alle zu ernähren. Oder: Um die 20 bis 30 000 Pyramidenarbeiter zu verpflegen, waren 10 000 Kornmahlerinnen, die den ganzen Tag arbeiteten, vonnöten. Dazu kam, dass das Kornmahlen eine Schwerstarbeit war, die die Frauen früh zu Invalidinnen werden ließ, da ihre Wirbelsäule und Knie unwiederbringlich geschädigt wurden.

Handmühlen waren in den verschiedenen Kulturen die Grundlage für den Lebensunterhalt und standen zuweilen sogar unter dem Schutz der Obrigkeit, wie man im 5. Mose, 24, 6 nachlesen kann: „Du sollst nicht zum Pfande nehmen den unteren und oberen Mühlstein, denn damit hättest Du das Leben zum Pfand genommen".

Die effektivere und kräftesparende Drehmühle wurde erst um 700 v. Chr. von den Römern erfunden. Auf einem Grundstein drehte sich ein zweiter, der mit einem Holzstab angetrieben wurde. Die Drehmühlen gab es für den Handbetrieb, aber auch als große Varianten. Diese setzte man in den entstehenden gewerblichen Bäckereien Roms ein, die sich ab 171 v. Chr. entwickelten. Diese schwere Arbeit, den oberen Mahlstein zu drehen, übernahmen in der Regel Sklaven oder Tiere.

Angelehnt an griechische Wasserräder, entwarf der römische Architekt Vitruvius Pollio um 24 v. Chr. erstmals eine Wassermühle. Allerdings dauerte es noch bis ins 4. Jahrhundert n. Chr. bis diese Anwendung fanden. Auch wurden sie in der Regel nicht für Getreide, sondern, wie in der Karlsmühle bei Trier, für das Schneiden von Marmor oder Sonstigem genutzt.
Die Römer bauten die wassergetriebenen Mühlen auch in ihren Provinzen und verbreiteten so die neue Mahltechnik bis ins heutige restliche Europa. Die älteste nachgewiesene germanische Wassermühle stammt aus dem Jahr 696 n. Chr.

Der Erfinder der klassischen Windmühle war der Grieche Heron von Alexandria. Aber bevor sich seine Neuerung aus dem 1. Jahrhundert n. Chr. durchsetzte, verging noch einige Zeit. Erst im Mittelalter kam die Windmühle, wohl mit den Kreuzfahrern, ins Heilige Römische Reich.

Die klassische Windmühle zieht ihre Kraft aus vier länglichen Flügeln. Die häufigsten Bauarten waren die Bockwindmühle (auch Deutsche Windmühle genannt), bei der das gesamte Mühlhaus in den Wind gedreht wurde, und die Holländerwindmühle, bei der sich nur die Turmhaube drehte. Die Bockwindmühle – so genannt, weil sie auf einem drehbaren Bock gelagert war – stammt aus dem 12. Jahrhundert, während die holländische Bauart sich seit Ende des 16. Jahrhunderts verbreitete. Mühlen waren bis Ende des 18. Jahrhunderts in ganz Europa in Gebrauch, vom windreichen, nördlichen Flachland bis zur Mittelmeerküste. Gehörten die ersten Mühlen noch einer Dorfgemeinschaft, war der Müller mit Entstehung der Grundherrschaft bis ins 19. Jahrhundert nur noch Pächter eines Grundherrn. Dieser bestimmte durch den „Mühlenbann", welcher Bauer in welcher Mühle sein Korn mahlen durfte und musste. Das häusliche Mahlen wurde untersagt. Das bedeutete unter Umständen sehr weite Wege für den Bauern. An der Mühle angekommen, galt zwar das Prinzip, „wer zuerst kommt, mahlt zuerst", aber nicht nur andere Bauern vor ihm konnten lange Wartezeiten bedeuten, auch zu wenig oder zu viel Wind konnte das Kornmahlen zu einer langwierigen Angelegenheit werden lassen. Zudem musste der Bauer einen erheblichen Teil seines Getreides als Lohn für den Müller und dessen Herrn abgeben.

Die Faszination einer Windmühle liegt nicht nur in ihrem imposanten Äußeren, sondern auch in ihrer einfachen Bedienbarkeit und der kompletten Konstruktion aus Holz. Das hatte zum Vorteil, dass Mühlen komplett zerlegt und an einem anderen Standort wieder aufgebaut werden konnten. Wurden Städte beispielsweise so groß, dass eine Mühle nicht mehr genügend Fläche für die Windausbeute hatte, konnte sie an einem günstigeren Standort wieder aufgebaut werden.

Die Erfindung der Dampfmaschine im 19. Jahrhundert ersetzte die Windmühlen nur langsam, auch wenn sie den großen Vorteil hatte, dass nun auch wetterunabhängig gemahlen werden konnte; sowohl bei Flaute als auch bei starkem Sturm.

Im Deutschen Kaiserreich gab es 1895 zwar schon 58 530 mit Dampfkraft betriebene Mühlen, aber ihnen standen immer noch 18 362 Windmühlen und 54 529 Wassermühlen gegenüber. Heutzutage werden nahezu alle Getreideprodukte für die menschliche Ernährung mit dem Walzenstuhl gemahlen. Zwei Schritte werden hierbei in mehreren Durchgängen wiederholt: das Mahlen und das Sieben. Im Walzenstuhl wird das Korn durch Mahlen vorsichtig von der Schale getrennt. Dann wird das Ergebnis im Plansichter gesiebt. Dieser Vorgang, der sich Passage nennt, wird so oft wiederholt, bis feinstes Mehl entsteht.

Es befinden sich noch einige Mühlen in Museumsdörfern, werden als Wohnraum genutzt oder eine Gesellschaft bemüht sich um ihren Wiederaufbau. Aber seitdem der Beruf des Mühlenbauers in den 1950er Jahren aus der Handwerksrolle genommen wurde, ist auch viel Wissen um die Bauweise verloren gegangen. Im Jahr 2009 zählt der Verband Deutscher Mühlen 617 mittelständische Mühlen. Hierzu gehören alle Mühlenarten, auch die modernen, die jährlich mehr als 500 Tonnen Getreide vermahlen. Diese Mühlen decken mehr als 90 Prozent an Deutschlands Jahresbedarf an Mehl von 5,8 Millionen Tonnen. Das sind 66 Kilogramm Roggen- und Weizenmehl pro Bundesbürger. Auf die wichtige Rolle des mahlenden Gewerbes weist der seit 1993 stattfindende jährliche Deutsche Mühlentag am Pfingstmontag hin.

Bäckerei Haverland

Wenn sich eine Bäckerei mit Fug und Recht Traditionsbäckerei nennen darf, dann die Soester Bäckerei Haverland: Sie ist nicht nur eines der 15 ältesten Unternehmen in Deutschland, sondern auch die älteste Pumpernickel-Bäckerei der Welt. Bis ins Jahr 1570 lässt sich die beeindruckende Geschichte des Handwerksbetriebs zurückverfolgen. Vor 439 Jahren nämlich, zu der Zeit, als der Maler Peter Paul Rubens seine weltberühmten Ölgemälde anfertigte, gründete Jörgen Haverlanth sein Unternehmen, in dem er nur eine einzige Brotsorte backte: Pumpernickel. Weder die Rezeptur noch die Anzahl der Brotsorten änderten seine Nachfolger, die allesamt der Haverlandschen Familie abstammten, auch wenn sich die Nachnamen mal Hawerland und mal Hauerlandt schrieben, in den folgenden knapp 400 Jahren. Bis zum Zweiten Weltkrieg, so berichtet der heutige Inhaber Jochen Haverland, der die Brotdynastie in 12. Generation leitet, wurde ausschließlich das äußerst ballaststoffreiche und besonders gesunde Vollkornbrot gebacken.

Heute sind es insgesamt 19 verschiedene Brotsorten, die täglich frisch gebacken und versandfertig verpackt werden. Aber auch wenn Graham- oder Schinkenbrote inzwischen zu den Bestsellern gehören, hat der typisch westfälische Pumpernickel nichts von seiner Faszination verloren. Die jahrhundertealte Rezeptur hat auch Jochen Haverland nicht geändert. „Wozu auch? Sie hat sich tausendfach bewährt", sagt der Betriebswirt und Bäcker, der das Unternehmen, das noch immer als handwerklicher Bäckereibetrieb geführt wird, Mitte der 1980er-Jahre übernommen hat. Das Geheimnis seines Pumpernickels besteht aus zwei Dingen: aus der bedingungslos kargen Rezeptur und der extrem langen Herstellungs- und Backzeit. Nichts als Roggenschrot, Wasser und viel Geduld brauchen die Soester Bäcker, um ihren Pumpernickel herzustellen. Der wird laut Jochen Haverland übrigens erst durch den männlichen Artikel anstelle des sächlichen grammatikalisch korrekt definiert. „Wir mischen weder Hefe noch Sauerteig und erst Recht keine Farbstoffe oder Rübenkraut in unseren Teig", erklärt er. Bestenfalls eine Prise Salz darf hinzugefügt werden. Dass zwischen dem ersten Handgriff und dem fertig verpackten Pumpernickel insgesamt 80 Stunden liegen, ist nicht zuletzt den langen Ruhe- und vor allem der 24-stündigen Backzeit zuzuschreiben. Zunächst werden die Endstücke von fertigen Pumpernickelbroten abgeschnitten und als sogenannte Quellstücke etwa zehn Stunden lang eingeweicht. „Die dabei entstehende milde Säure übernimmt später die Funktion des Sauerteigs", beschreibt Bäcker Haverland den Entstehungsprozess. Nach dem Quellen werden die eingeweichten Brotstücke mit frisch gemahlenem Roggenschrot, Wasser und wenig Salz verknetet und erneut sechs bis acht Stunden ruhig gestellt. In dieser Zeit entwickelt der Teig sein typisches herbsüßes Aroma. Danach wird die Masse nochmals kräftig durchgearbeitet und in Kastenformen gegeben. Anschließend garen die Brote dann 24 Stunden am Stück in 104 bis 106 °C heißen Backkammern, denen in regelmäßigen Abständen Wasserdampf zugeführt wird, damit die Brote schön saftig bleiben. „Während dieses Prozesses, der so schonend ist, dass die Nährstoffe

GEORG HAVERLAND
Becker in der
Hohnen Gemeinde
WILHELM
Stifftsbecker
zu St. Walburgis
HERMANUS
Bäcker auf der
(Thomästr.)
HERMAN
WILHELM
Bäcker und
WILHELM

und Vitamine erhalten bleiben, verwandelt sich die im Getreide enthaltene Stärke in Zucker und karamellisiert. Das erklärt die dunkle Farbe des Brotes und den typisch süßlichen Geschmack", so Jochen Haverland.

Damit jeder Pumpernickel gelingt und schmeckt wie vor beinahe 500 Jahren, wird auch heute noch jeder einzelne Arbeitsschritt von den Bäckermeistern, -gesellen und Mitarbeitern der Bäckerei Haverland in Handarbeit durchgeführt. In schön etikettierten Blechdosen oder Verpackungen mit traditioneller Optik kann man den Haverlandschen Pumpernickel sowohl in der Soester Innenstadt-Repräsentanz sowie in etwa 1 500 Feinkost- und Lebensmittelgeschäften in ganz Deutschland finden und über dessen Entwicklung nur staunen: Vom einstigen Armeleute-Essen wurde er zur bekömmlichen Delikatesse, die von feinzüngigen Gourmets ebenso geschätzt wird wie von gesundheits- und ernährungsbewussten Konsumenten.

Kontakt:

Bäckerei Haverland GmbH & Co. KG
Inhaber: Jochen Haverland

Opmünder Weg 65–67 | 59494 Soest
Telefon 0 29 21 / 1 60 19 | Telefax 0 29 21 / 1 60 20
www.pumpernickel-original.de

Zutaten für 10 Personen:

250 g Pumpernickel | 4 cl Kirschwasser

16 Eigelb | 360 g Zucker | 40 g Kakao | 150 ml Weißwein | 1 kg geschlagene Sahne

Pumpernickelparfait

Pumpernickel zerkleinern und mit dem Kirschwasser zugedeckt über Nacht einweichen lassen.

Eigelb, Zucker, Kakao und Weißwein in einem Aufschlagkessel gut verrühren. Die Masse über dem Wasserbad aufschlagen, umfüllen und den eingeweichten Pumpernickel hinzugeben – erkalten lassen. Nun die aufgeschlagene Sahne vorsichtig unterheben und in eine Form umfüllen.

Mit Folie abdecken und über Nacht in den Tiefkühler stellen.

Tipp:

Das Hotel-Restaurant Pilgrimhaus in Soest serviert jeweils zwei Scheiben Pumpernickelparfait mit warmen Preiselbeeren und Sahne.

Wichtig:

Der original Haverländer Pumpernickel ist im heimischen Ofen leider nicht nachzubacken!

Bäckerei Hoffmann

In aller Herrgottsfrüh ist er der Allererste in seiner Backstube: Heinz Hoffmann, der den väterlichen Betrieb zusammen mit seiner Frau Helga heute in der vierten Generation führt. Drei Meistertitel hat er: Bäcker, Konditor und seit 2000 Obermeister der Bäckerinnung München. Ein Bäckermeister wie er im Buche steht, geehrt mit dem Staatsehrenpreis des Freistaates Bayern.

Die Geschichte der Bäckerei Hoffmann beginnt schon 1900 mit dem Gründer des Stammhauses, Friedrich Hoffmann, in Brieg/Schlesien. Von dort brachten sein Sohn Erich und dessen Frau Martha 1945 schlesische Rezepte mit in seine Wahlheimat München und eröffneten 1950 eine Bäckerei im Stadtteil Laim. Seit 1970 ist diese in einem Wohn- und Geschäftseckhaus ansässig und zu einer Institution geworden. Bei einem Sortiment von über 600 Backwarenartikeln und des hohen Anspruchs an beste Rohstoffe scheinbar nicht allzu schwer. Gleichbleibend hohe Qualität, handwerkliches Know-how und modernster technischer Stand sind die Eckpfeiler des Münchner Mittelstandsbetriebes. „Es gibt nichts Schöneres, als gesunde und leckere Backwaren herzustellen", aus dieser Überzeugung heraus führt Heinz Hoffmann mit dem entsprechenden Rüstzeug der Meisterprüfungen den väterlichen Betrieb weiter. Über 40 Sorten Brot und 100 verschiedene Weizenkleingebäcke haben die Hoffmanns im Programm, für Vollkornliebhaber und Diabetiker, für Genießer oder auch für Leute, die immer auf der Suche nach Neuem sind: Da gibt es Nussbrot, Olivenciabatta und preisgekröntes Finnenbrot. Oder den Willi, eine Semmel aus Weizensauerteig mit Hartweizengrieß, angesetzt mit einer lang dauernden Teigführung über Nacht, als eine Hommage an den nahe gelegenen Willibaldplatz. Da findet sich auch der Brotlaib namens Opa Erich, dem schlesischen Großvater gewidmet.

Die Ideen gehen dem leidenschaftlichen Bäckermeister und seiner Frau nicht aus: 2010 wird es den „Jahreszeitenbäcker" Hoffmann geben, mit Produkten, die sich nicht nur auf die kalendarischen Jahreszeitenangebote beschränken, sondern auch von Fasching, Ostern, Oktoberfest oder Advents- und Weihnachtszeit inspiriert sind. Mit der Vergrößerung des Ladenlokals wird ein neues Café integriert und stimmt die Laimer und Pasinger Nachbarschaft auf den saisonalen Genuss ein.

Die luftige und helle Backstube unten im Haus bleibt, an den Wänden unzählige Anerkennungsurkunden, auch für die vorbildliche Aus- und Weiterbildung des Nachwuchses im Bäckerei- und Konditorenhandwerk. Da wird für die Gesellenprüfung geübt: Bäcker und Konditor, zwei eigenständige Berufe, die sich aber doch kongenial ergänzen können, leisten bei Hoffmann Überdurchschnittliches. 38 Mitarbeiter – darunter Sohn Michael als Azubi – setzen nicht nur jeden Tag frisch den Sauerteig an, Grundlage allen Brotes. Ob Roggen- oder Weizensauer, der Vorteig ist für Geschmack, Aroma, Verdaulichkeit und Haltbarkeit unerlässlich. Er besteht aus Wasser, Mehl und gekühlten Milch- und Essigsäure produzierenden Kulturen und muss mindestens 24 Stunden gären. Sauerteig ist sehr temperaturanfällig und sensibel. „Viel Gefühl" braucht man dafür, meint der Chef, denn das Getreide reagiert je nach Wetterlage immer anders, „das hat der Opa schon gesagt." Die Einflüsse bei Blüte oder Ernte des Korns sind dabei nicht zu unterschätzen.

Mehrmals am Tag wird frisch gebacken. Alle Backwaren und Brote kommen direkt aus dem Ofen in den Laden. Sehr wichtig ist die ausgeprägte Kruste, die nicht nur ein guter Geschmacksträger ist, sondern auch dafür sorgt, dass die Laibe lange frisch und knusprig bleiben. Gefragt sind in der Laimer Bäckerei vor allem dunkle Brote aus Roggen oder Dinkel. Sie sind ballaststoffreicher als helle Gebäcke aus Weizenmehl, bei dem die Randschichten des Getreides durch den Mahlprozess entfernt werden. Gerade auf die hochwertigen Rohstoffe legt der Bäckermeister Hoffmann höchsten Wert. Gesund und Genuss bedeuten keinen Widerspruch. Dafür werden die Mehle aus dem bayerischen Umland bezogen, deren Lieferanten und Arbeitsweisen persönlich bekannt sind. Das gilt gleichermaßen für die fertig geschnittenen Brote für Münchner Krankenhäuser und Altenheime. Ob Bauernbrot oder Partygebäck, ob Frühstückssemmel, die Breze zur Münchner Weißwurst oder die Feinkonditorei – schmecken soll's und tut's. Das weiß auch der bayerische Ministerpräsident Horst Seehofer zu schätzen. Die Torte zu seinem runden Geburtstag wurde in der Hoffmannschen Backstube kreiert – mit außerordentlichem Lob von allerhöchster Stelle.

Kontakt:

Bäckerei Hoffmann
Inhaber: Heinz Hoffmann

Reutterstraße 42 | 80687 München
Telefon 089/5800 80-0 | Telefax 089/5800 80-20
www.baeckerei-hoffmann.de

Zutaten:

330 g Sauerteig (Weizen oder Roggen) | 510 g Roggenmehl | 15 g Salz
5 g Brotgewürz/Kümmel/Koriander | 15 g Hefe | 300 ml Wasser

Münchner Hausbrot

Den fertigen Sauerteig mit den anderen Zutaten etwa 5 Minuten mischen. Wenn das Mehl eingearbeitet und nicht mehr zu sehen ist, weitere 2 Minuten kneten (die Teigtemperatur sollte bei 28 °C liegen). Danach den Teig etwa 20 Minuten ruhen lassen. Das Brot in beliebiger Form – als Laib oder Wecken – aufarbeiten. Danach im Backofen bei 260 °C auf 200 °C fallend 60 Minuten backen.

Tipp:

Mit Roggensauerteig wird das Brot etwas würziger.

Henne

Bäckerei Hesse

Ziemlich genau an der Stelle, wo seit inzwischen über 60 Jahren die Bäckerei Hesse zu Hause ist, verläuft die Grenze zwischen dem Sauer- und dem Siegerland. Die unterschiedlichen Geschmacksvorlieben seiner Kunden in der einen wie in der anderen Region sind dem Bäckermeister und Geschäftsführer Reinhard Hesse nicht nur sehr wohl bekannt, er bedient sie auch mit verschiedenen Angeboten aus seinem umfangreichen Brotsortiment: Während im Siegerland beispielsweise das Kartoffelbrot seine Liebhaber findet, bevorzugen die Kunden aus dem sauerländischen Kreis Olpe eher Sorten wie das Sauerländer Landbrot, berichtet Reinhard Hesse, der das Unternehmen seit 1980 leitet. Seit der Gründung der Bäckerei Hesse durch seine Eltern Hermann und Therese im Jahr 1946 sind den Kunden sowohl die Produkte als auch der Service der Bäckerei Hesse schon lange ein Begriff. Kein Wunder, umfasst das Verkaufsnetz derzeit 40 Filialen, die sich über die Kreise Olpe und Siegen erstrecken. Vier Filialen wurden zudem seit dem vergangenen Jahr im Kreis Lüdenscheid eröffnet. Die große Begeisterung und Leidenschaft, die der Firmenchef und seine Familie für das Bäckereihandwerk immer schon entwickelt haben, überträgt sich wie selbstverständlich auf die Mitarbeiter. „Heute muss man über eine angemessene Vergütung hinaus andere Wege finden, um die Mitarbeiter zu guten Leistungen zu motivieren", weiß Reinhard Hesse. Deshalb bietet er seinen insgesamt etwa 400 Mitarbeitern mehr: attraktive Filialstandorte, handwerkliche Qualitätsprodukte, hinter denen seine Verkäuferinnen guten Gewissens stehen können, und ein Arbeitsklima, das von Wertschätzung und Verantwortungsbewusstsein geprägt ist.

Das Sortiment der Bäckerei Hesse umfasst täglich mehr als 150 verschiedene Artikel – von regionalen Brotspezialitäten und vielfältigen Brötchensorten über feine Torten, ein vielseitiges Kuchen- und Gebäcksortiment bis hin zu herzhaften Bäcker-Snacks und Kaffeespezialitäten. Allen Produkten gemeinsam ist die stets hohe Qualität und Frische. So reifen die Teige nach bester Handwerkstradition in rein natürlichen Prozessen, damit sie mit ausreichend Zeit ihr volles Aroma und ihren unverwechselbaren und natürlichen Geschmack entfalten können. Auch das Konditoreisortiment spielt bei Hesses eine zunehmend wichtigere Rolle. So liegt der Prozentsatz der Produkte aus Feingebäck und Sahnekonditorei mittlerweile bei über 30 Prozent.

Dass neben Tradition und Produktqualität auch Kriterien wie professionelles Marketing und Management den wirtschaftlichen Erfolg des Betriebes ausmachen, davon ist Reinhard Hesse zutiefst überzeugt. So erdenkt das Team um den, wie er sich selbst bezeichnet, „ein wenig marketingverliebten" Firmenchef nicht nur einprägsame Namen für die vielfältigen Brotsorten. Von Detailliebe ist auch die grafische Umsetzung der Broschüren und anderer Werbe- und Kommunikationsmittel sowie die Gestaltung der insgesamt 13 Firmen-Lkws geprägt. Kreative Unterstützung kommt hierbei vor allem von seinem ältesten Sohn Thomas und dessen Partnerin.

Den hohen Imagewert, den seine Bäckerei in der gesamten Region genießt, erklärt Reinhard Hesse nicht zuletzt damit, dass er sich für die Menschen in seiner Umgebung einsetzt, sich für sie, ihre Arbeit und Freizeitbeschäftigungen interessiert und sich da engagiert, wo er um Unterstützung gebeten wird.

Kontakt:

Bäckerei Hesse GmbH & Co. KG
Inhaber: Reinhard und Thomas Hesse

In der Welsmicke 8 | 57399 Kirchhundem – Welchen Ennest
Telefon 0 27 64 / 93 48-0 | Telefax 0 27 64 / 93 48-24
www.baeckerei-hesse.de

So fördert die Bäckerei Hesse beispielsweise mit kreativen Verkaufsaktionen verschiedene soziale Einrichtungen, engagiert sich in der Vereinsarbeit und gibt ihre Warenüberhänge kostenlos an diverse lokale Tafeln im Raum Lennestadt, Olpe, Attendorn und Siegen weiter. Sehr begehrt sind auch die gut einstündigen Betriebsführungen, die Gruppen von bis zu 30 Personen Einblick in die laufende Arbeit der Bäcker und Konditoren vermitteln. Vorbei an der Teigmacherei, der Aufarbeitung, den Kühl- und Gärräumen und Backöfen endet der Blick hinter die Kulissen im firmeneigenen Bistro-Café bei herzhaften und süßen Schlemmereien.

Zutaten für 3 Brote:

840 g Roggenmehl Type 1150 | 1240 g Roggennatursauerteig
380 g Weizenmehl Type 550 | 360 g zerkleinerte, leicht geröstete Walnüsse
24 g Hefe | 520 ml Wasser | 40 g Salz

Herzbube Walnuss

Das Mehl, der Sauerteig sowie Salz, Hefe, Wasser und die zerkleinerten Walnüsse werden zunächst sorgfältig vermischt und dann schonend miteinander verknetet. Anschließend den fertigen Brotteig circa 60 Minuten zugedeckt ruhen lassen.

Aus dem reifen Teig werden drei Brotlaibe geformt und direkt auf das heiße Ofenblech (bei Holzbacköfen direkt auf die heiße Backfläche) gelegt.

Bei einer Ofentemperatur von circa 300 °C und langsam fallender Hitze sollen die Brote etwa 90 Minuten lang ausbacken, sodass sie eine kräftig-braune Kruste aufweisen.

Kalle-Bäcker

Ganz weit oben, im hohen Norden, da gibt es ein kleines Genussreich. Auf der Landkarte ist es etwa 100 Kilometer westlich von Hamburg zu finden, im und um den Kreis Dithmarschen mitten in Schleswig-Holstein. Dort, wo das Meer nah ist und der Horizont weit, dort liegt das Kalle-Bäcker Genussreich. Hier regieren Brot Fiete, Sahne Suse sowie Frieda Fröhlich und versorgen Genießer mit regionalen Spezialitäten an aromatischem Brot, knackigen Brötchen und leckeren Kuchen.

Hinter der pfiffigen Idee der Genussreich-Fantasiewelt stehen Sabine und Mark Riemann, die zwei realen Kalle-Bäcker. Zwölf Backstätten (Filialen) und sechs Knusperkutschen (mobile Verkaufswagen) gehören zum Marner Familienbetrieb, den das Geschwisterpaar bereits in vierter Generation führt. Angefangen hat alles anno 1897 in Schlesien, wo der Urgroßvater Karl Riemann ein Kolonialwarengeschäft mit Backstube führte. Einige Jahre und zwei Weltkriege später eröffnete 1951 der gleichnamige Sohn dann eine Bäckerei in Marne. „Der Handwerksberuf des Bäckers war zu dieser Zeit äußerst

begehrt", erzählt Mark Riemann, „und dank harter Arbeit wirtschafteten wir Jahr für Jahr erfolgreicher." Zum Erfolg trug maßgeblich auch die nächste Generation mit Karl Riemann, dem dritten Kalle-Bäcker-Namensgeber, bei: Als zu Beginn der 1970er-Jahre im Ort ein Supermarkt eröffnete, belieferte man zunächst dessen Brotregal, später betrieb man auch die erste Filiale in einem Nachbarort. Mit der Expansion der Supermarktkette folgten zügig weitere.

Auf die „fetten" Jahre folgten jedoch die „mageren". „In den 1990er-Jahren wurden mit den aufkommenden Discountern und längeren Ladenöffnungszeiten die Zeiten für uns schwerer", erinnert sich Sabine Riemann nur ungern: „Nachdem schließlich noch Filialen der Supermarktkette schlossen, blieb uns 2003 trotz einiger Rettungsversuche nur noch der letzte Ausweg – die Insolvenz. „Plötzlich standen wir vor dem Nichts!" Nach dem ersten Schock überlegten Mark und Sabine Riemann zunächst mit einem neuen Beruf ganz von vorn zu beginnen. Schnell stand jedoch für beide fest: „Wir sind Bäcker! Und wir bleiben Bäcker!" Nach dem Motto eines norddeutschen Sprichwortes „Was die Ebbe nimmt, bringt die Flut wieder" glaubten die Geschwister fest an die Zukunft des Kalle-Bäckers.

Ein Jahr später starteten sie wieder mit neuen Konzepten. Vor allem regionale Spezialitäten aus frischen und natürlichen Zutaten, wie Kalles Katenkruste oder das Edda Brot, liegen heute herrlich duftend hinter der Ladentheke. In der Produktionshalle garantieren die Kombination von traditioneller handwerklicher Herstellung und modernster Technik für beste Qualität. Neben neuen Rezepten findet man auch altbewährte, bis heute beliebte Rezepturen des Vaters, Groß- und Urgroßvaters. Ein Klassiker sind zum Beispiel Tante Minnas Schmoltnöt (Schmalznüsse). „Das süße Rezept hat unser Großvater von der Nachbarin, die den Teig ihrer unnachahmlichen Schmalznüsse immer zu uns zum Backen brachte", sagt Sabine Riemann und schmunzelt: „Nach langen Überredungskünsten hat sie es dann verraten."

Das herzhaftere Kohlbrot dagegen wurde von Mark Riemann entwickelt. „Wir kommen schließlich aus Europas größtem zusammenhängenden Kohlanbaugebiet. Was liegt da näher, als das Gemüse in unserem Brot zu verarbeiten?" Neben einem hohen Anteil an Frischkohl sorgen Röstzwiebeln und Kräuter, Sauerteig, Weizen- und Roggenmehl für den unverwechselbaren Geschmack, den die Kunden so lieben.

Die guten Backwaren überzeugten auch die Jury der Zeitschrift Der Feinschmecker, die den Kalle-Bäcker 2004 als beste Bäckerei Schleswig-Holsteins auszeichnete. Im Jahr 2006 erhielt Sabine Riemann darüber hinaus von der Mittelstandsinitiative „Mutmacher der Nation" den Landessieg.

Kurz und gut: Heute ist der Familienbetrieb mit Produktionszahlen von täglich 25 000 Brötchen und 1 250 Broten wieder auf Erfolgskurs. Wer selbst in den Genuss der regionalen Delikatessen kommen möchte, der ist herzlich willkommen im Kalle-Bäcker Genussreich, ganz weit oben im hohen Norden.

Kontakt:

Kalle-Bäcker
Inhaber: Sabine und Mark Riemann

Feldstraße 58a | 25709 Marne
Telefon 04851/9555-0 | Telefax 04851/9555-20
www.kalle-baecker.de

Zutaten für 2 Brote:

400 g Weizenmehl Type 550 | 100 g Roggenvollkornmehl Type 1800 | 310 ml Wasser
30 g Hefe | 50 g Roggensauerteig (zum Beispiel vom Bäcker oder im Fachhandel (getrocknet), kann auch weggelassen werden) | 14 g Salz | 140 g frischer Kohl
15 g Kräuter (Schnittlauch, Dill, Petersilie) | 50 g Röstzwiebeln

Dithmarscher Kohlbrot

Alle Zutaten auf Raumtemperatur bringen und den Zuguss so abstimmen, dass man einen wolligen Teig mit einer Temperatur von etwa 26 °C bekommt. Aus dem Roggen- und Weizenmehl, Wasser, Hefe, Sauerteig sowie Salz einen Teig kneten. Kohl, Kräuter und Röstzwiebeln am Ende vorsichtig unterarbeiten und dann circa 20 Minuten ruhen lassen. Dafür den Teig mit einem Tuch abdecken, damit er nicht abtrocknet.

Aus dem Teig zwei gleich große Portionen teilen, diese rund wirken, kurz abstehen lassen und in die gewünschte Brotform bringen. Die geformten Laibe für 15 bis 20 Minuten auf „Gare" stellen (hohe Luftfeuchte und Raumtemperatur, idealerweise 35 °C) oder mit einem Tuch abdecken. Anschließend an der Oberfläche leicht einschneiden. Den Haushaltsofen (Stikkenofen beim Bäcker) auf etwa 210 °C Umluft vorheizen und die Brote 35 bis 40 Minuten bei 190 °C knusprig backen.

Bäckerei-Konditorei Kraft

Dem Wunsch der Kunden nach dem „täglichen Brot" kommt die Bäckerei-Konditorei Kraft gerne nach. Und dies schon seit gut 130 Jahren. Denn 1876 war es, als das Familienunternehmen von Bäckermeister Philipp Kraft in Bauschheim gegründet wurde. Damals wurde noch ohne Ladengeschäft, direkt aus der Backstube, verkauft. Seit dieser Zeit hat sich viel getan.

Mit Gregor Kraft trat 1988 die fünfte Generation in das Unternehmen ein, das inzwischen 20 Mitarbeiter zählt. Die Backstube wurde modernisiert, ebenso das Ladengeschäft, in dem sich heute das reichhaltige und vielseitige Angebot präsentiert.

Dabei lässt sich der Bäckermeister einiges einfallen. Immer wieder kann man Neues in seinem Sortiment entdecken. So wurde vor Kurzem nach historischem Vorbild der neue Bauschheimer Dorfbackofen eingeweiht. Der Holzbackofen, mit Naturstein gemauert und direkt auf der Herdplatte mit Holz beheizt, liefert ein echtes Holzofenbrot der Spitzenklasse. Ein kräftiges Roggenmischbrot, das zu den Favoriten des Meisters selbst zählt. „Es ist für mich einfach ein Stück Lebensqualität, das verführerisch duftende, frische Brot aus dem Backofen zu holen", sagt Gregor Kraft. „In diesen Genuss sollten eigentlich alle Menschen einmal kommen." Gesagt, getan. Und so entwickelte er das Holzofenbrot in der Dose – zum Fertigbacken für zu Hause. „Werden Sie zum Selberbäcker", ermutigt er seine Kunden mit einem Augenzwinkern.

Wer den Bäckerladen betritt, der stößt neben dem Holzofenbrot auf eine Vielzahl weiterer Bio-Dosenbrote mit ansprechenden Aufdrucken. Molkebrot, Hirsebrot, Apfelbrot, Spargelbrot und vieles mehr steht da zu lesen. Sogar einen Hamburger in der Dose findet man, mit saftigem Jungrindfleisch, Käse, Röstzwiebeln, Gurken, Senf und Ketchup. Ein Novum ist auch das „Worschtbrot", ein leckeres Dosenbrot mit eingebackener Wurst – praktisch und schmackhaft zugleich. Selbst Menschen, die auf gluten- und laktosefreie Ernährung achten müssen, kommen nicht zu kurz. Ihnen stehen drei Sorten zur Auswahl. Die Kunden freut's, denn so müssen sie selbst im Urlaub nicht auf das heimische Lieblingsbrot verzichten.

Kontakt:

Bäckerei-Konditorei Kraft
Die Selberbäcker GmbH
Inhaber: Gregor Kraft

Brunnenstraße 13 | 65428 Rüsselsheim-Bauschheim
Telefon 06142/9755-0 | Telefax 06142/9755-97
www.baeckerei-kraft.de | www.dosenbrotmanufaktur.de

Natürlich gibt es nicht nur Dosenbrot in der Bäckerei-Konditorei Kraft zu kaufen, auch wenn dieses sehr empfehlenswert ist. Viele weitere leckere Backwaren bieten sich an, wobei bei der Verarbeitung großer Wert auf den vernünftigen Umgang mit der Natur gelegt wird. Der wichtigste Rohstoff, Mehl, wird ausschließlich von der nahe gelegenen Schlossmühle aus Ober-Ramstadt bezogen. Das dort schonend vermahlene Getreide stammt von Landwirten aus der Region, die sich zu „kontrolliert-integriertem Landbau" verpflichtet haben. So entstehen hochwertige, naturbelassene Mehle und Schrote ohne Hilfs- und Zusatzstoffe. Sauerteig wird selbst hergestellt, ohne fremde Säuerungsmittel, dafür mit wertvollem Jodsalz. Brötchen werden mithilfe eines Vorteigs gebacken, der, ähnlich dem Sauerteig, über Nacht reift und so zu einem volleren Aroma beiträgt. Auch die Konditoreiwaren enthalten ausschließlich feinste Zutaten. Frische Sahne, gute Butter und gesunde Früchte.

Die hohe Güte der Waren fordert täglich das ganze handwerkliche Können, das sich über Generationen entwickelt hat. Eines jedoch hat sich in all den Jahren nicht verändert. Der Anspruch, ein Familienbetrieb zu sein und zu bleiben, der seine Kunden täglich mit gleichbleibend hoher Qualität und Frische aus ausschließlich eigener Fertigung erfreut.

Zutaten für 2 Brote:

Für den Sauerteig Stufe I: 50 g Roggenmehl Type 1150 | 90 ml Wasser
Für den Sauerteig Stufe II: 20 g Sauerteig Stufe I | 100 g Roggenmehl Type 1150
180 ml Wasser
Für den Sauerteig Stufe III: 300 g Sauerteig Stufe II | 300 g Roggenmehl Type 1150 | 190 ml Wasser
Für den Grundteig: 790 g Sauerteig Stufe III | 550 g Roggenmehl Type 1150 | 620 g Weizenmehl Type 550 oder 1050 | 840 ml Wasser | 35 g Salz | 10 g Frischhefe

Krafts Holzofenbrot

Für den Sauerteig Stufe I Roggenmehl und Wasser (circa 25 °C) mit einem Kochlöffel in einer Kunststoffschüssel zu einem glatten Teig verarbeiten. Mit einem Tuch abdecken und bei Zimmertemperatur für circa 48 Stunden reifen lassen.

20 Gramm des Sauerteigs Stufe I mit Roggenmehl und Wasser (circa 25 °C) für den Sauerteig Stufe II in einer Schüssel zu einem glatten Teig verarbeiten. Mit einem Tuch abdecken und für 18 bis 20 Stunden reifen lassen. Der restliche reife Sauerteig Stufe I kann zur Bevorratung für den Ansatz eines nächsten Sauerteigs eingefroren werden. Den Sauerteig Stufe II mit Roggenmehl sowie Wasser (circa 28 °C) zu einem glatten Teig verarbeiten, mit dem Tuch abdecken und weitere 1,5 bis 2 Stunden reifen lassen.

Für den Grundteig Roggenmehl, Weizenmehl, Wasser (circa 23 °C) mit dem Salz, der Hefe sowie dem Sauerteig Stufe III in eine Küchenmaschine geben und mit dem Knethaken kräftig zu einem Teig verarbeiten. Den Teig nach dem Kneten 20 bis 30 Minuten ruhen lassen. Nach der Teigruhe den Teig in zwei gleich große Portionen teilen und jeweils zu einem Brotlaib formen. Auf einem mit Mehl bestreuten Tuch oder in einer Backform garen. Nach der Reifezeit von circa 40 bis 50 Minuten im auf 250 °C vorgeheizten Backofen 55 bis 60 Minuten kräftig ausbacken. Nach 10 Minuten Backzeit die Temperatur auf 205 °C zurückdrehen.

Tipp:

Für den heimischen Backofen kann man auch einen „Backstein" aus Schamotte oder Vulkanstein verwenden, den man über eine längere Zeit im Backofen vorheizt. So kann ein ähnliches Ergebnis wie im Steinbackofen erzielt werden.

Bäckerei-Konditorei Kronberger

Auf die Frage, was denn einen guten Bäcker auszeichne, antwortet Hans Kronberger, Bäckermeister aus Frankfurt, ohne Umschweife: „Wenn die Leute vor seinem Geschäft Schlange stehen." Demzufolge muss es sich bei ihm um einen äußerst guten Bäcker handeln, denn vor allem samstags bildet sich eine nicht enden wollende Kundenschlange vor seinem Laden in der Vogelsbergstraße im begehrten Frankfurter Stadtteil Nordend.

Seit 1898 befindet sich in diesen Räumlichkeiten eine Bäckerei, seit Beginn der 1960er-Jahre ist dies die Bäckerei Kronberger. Was ursprünglich als kleine Brotbäckerei begann, entwickelte sich im Laufe der Jahre zu einer weit über die Stadtteilgrenzen hinaus bekannten und beliebten Bäckerei und Konditorei.

Das Angebot wurde Schritt für Schritt erweitert und bietet heute ein Vollsortiment, angefangen vom normalen Brötchen bis hin zur hochwertigen Confiserieware. Letztere wird von der Tochter des Hauses und mittlerweile zweiten Geschäftsführerin, Andrea Kronberger, liebevoll im 2006 neu angebauten Konditorei- und Pralinenraum angefertigt. Die engagierte Bäckermeisterin und Patissière ist eine wahre Künstlerin ihres Fachs. Dazu trug nicht zuletzt ihre frühere Tätigkeit bei der renommierten schweizerischen Confiserie Bachmann bei, während der sie umfangreiche Erfahrungen in der Herstellung erstklassiger Pralinés sammelte.

Doch auch die Sortenvielfalt der Brötchen und die circa 30 Brotsorten werden von der anspruchsvollen Kundschaft geschätzt und begehrt. Im Sommer sind das Senfkrustenbrot oder das Peperonibaguette der Renner, im Winter das Feigenbrot oder auch das Adventsbrot. Eine Spezialität des Hauses ist neben dem traditionell kräftigen Backhausbrot das Frankfurter Knerzje, eigentlich das Endstück eines Brotes.

Das absolute Highlight jedoch sind die diversen Baguettesorten, die seit mehreren Jahren mit dem Frankfurter Feinschmecker-Siegel versehen werden und jeden Franzosen in Verzücken geraten ließen. Hergestellt auf einer

Kontakt:

Bäckerei-Konditorei Kronberger GmbH
Inhaber: Hans und Andrea Kronberger

Vogelsbergstraße 19 | 60316 Frankfurt am Main
Telefon 069/431585

original französischen Baguette-Langroll-Maschine, oder besser „machine à rouler les baguettes", sind die Sorten wie Walnussbaguette, Noirebaguette mit Malz oder das zuvor genannte Peperonibaguette einfach vollkommen. Die außergewöhnliche Qualität des Brotes liegt vor allem in der „Führung" des Teigs, also wie lange er vor dem Backen ruht. Der selbst gefertigte Weizensauerteig der Kronbergers ruht in etwa vier Stunden, bevor er zu der typischen Stangenform gerollt wird. Tagsüber bäckt das Personal jede Stunde frische Baguettes. „Je nach Wetter sind die Baguettes nur drei bis fünf Stunden wirklich frisch. Sie lassen sich aber fantastisch gut aufbacken", rät Hans Kronberger.

Nicht nur bei den Baguettes wird Wert auf Frische gelegt. Schon der tägliche Einkauf der Rohstoffe und Zutaten in der Frankfurter Großmarkthalle wird sehr penibel gehandhabt. Nur 1a-Ware kommt infrage. So schmecken auch die angebotenen Snacks wie Quiche Lorraine stets vorzüglich. Convenienceprodukte sind hier verpönt, alles wird selbst gefertigt und ohne Konservierungsstoffe angeboten. Nicht umsonst ist der Laden abends meist restlos ausverkauft. Sollte dennoch etwas übrig bleiben, so freuen sich soziale Einrichtungen in der Umgebung.

Verkauft wird hier übrigens ausschließlich über den Ladentisch. „Großabnehmer beliefern wir nicht", so Andrea Kronberger, „denn wir wollen nicht expandieren, sondern Stadtteilbäckerei bleiben." Der persönliche Kontakt zu den Kunden sei ihr wichtiger als Expansion um jeden Preis. Eine gute Einstellung, die heutzutage sicher nicht mehr oft anzutreffen ist. Ein wunderbares Geschenk für alle, die eine solche Qualität auch zu schätzen wissen.

Zutaten für circa 10 Stück à 150 g:

Für den Vorteig: 125 g Weizenmehl | 75 ml Wasser | 20 g Hefe (am besten Frischhefe)

Für den Grundteig: 875 g Weizenmehl Type 550 | 200 g Weizenvorteig
575 ml Wasser | 20 g Salz

Baguettes

Für den Weizenvorteig Weizenmehl, Wasser und die Hefe in eine Schüssel geben, zu einem Teig kneten. Den Weizenvorteig 24 Stunden bei 8 °C ruhen lassen.

Für den Hauptteig die restlichen Zutaten in eine Küchenmaschine geben. Der Teig sollte eine Temperatur von circa 24 °C haben. In der Küchenmaschine 5 Minuten ordentlich zu einem geschmeidigen Teig kneten. Den Teig anschließend in 150 Gramm schwere Stücke zerteilen und 90 Minuten ruhen lassen. Anschließend lang ausrollen und auf ein Blech mit Backpapier legen. Bei 30 °C etwa 40 Minuten garen lassen. Die Teiglinge mit einem scharfen Messer 3- bis 4-mal in Längsrichtung einschneiden und in den auf 200 °C vorgeheizten Ofen schieben. Ein Wasserschälchen mit in den Ofen stellen und nach kurzem Anbacken der Teiglinge entfernen. Die Backzeit beträgt circa 30 Minuten.

Getreidearten

Weizen – Triticum vulgare

Aus botanischer Sicht ist Weizen ein Sammelbegriff von Gräsern, die zur Familie der Triticum-Arten gehören. Somit sind auch Dinkel sowie Einkorn, Emmer und Kamut Weizenarten.

Weizen ist seit fast 10 000 Jahren bekannt und hat seinen Ursprung vermutlich in Ägypten, Syrien und Äthiopien. Weltweit ist Weizen eines der bedeutendsten Getreide, auch bei der Brotherstellung, und wird nach Mais und Reis am häufigsten angebaut, obwohl er beim Anbau höhere Ansprüche an Boden und Klima stellt.

Man unterscheidet zwischen Hartweizen, der in subtropischen Gegenden angebaut wird, und Weichweizen, der im gemäßigten Klima wächst. Während Hartweizen (Triticum durum) eher in der Teigwarenherstellung Anwendung findet, ist Weichweizen (Triticum aestivum) besonders durch seinen hohen Klebergehalt hervorragend zum Brotbacken geeignet. Weizenkörner sind gelblich und haben eine runde, leicht bauchige Form. Sie enthalten einen ausgewogenen Gehalt an verschiedenen Vitaminen und Mineralien.

Dinkel – Triticum spelta

Dinkel wird auch Spelzweizen oder Schwabenkorn genannt. Ein Name, der auf die deutschen Anbaugebiete Baden-Württemberg und Franken im Mittelalter zurückgeht. Die Körner sind bräunlich, länglich und laufen an beiden Enden spitz zu. Den vor der eigentlichen Reife geernteten Dinkel kennen wir als Grünkern. Vor 70 Jahren geriet Dinkel beinahe in Vergessenheit, wurde aber durch den verstärkten Einsatz in der biologischen Landwirtschaft wieder ins Bewusstsein gerufen. Das Korn mit nussigem Geschmack verfügt über mehr Eiweiß und Mineralien als Weizen, hat genauso gute Backeigenschaften, ist aber nicht so ertragreich. Zudem ist die Ernte schwieriger. Während sich beim Weizen die Spreu sauber und einfach beim Dreschen löst, trennt sich die Spelze vom Dinkel nur schwer.

Roggen – Secale cereale

Das dunkle Getreide stammt aus der Gegend des Schwarzen Meeres und ist schon seit circa 9 000 Jahren bekannt. Allerdings wurde es erst im 5. Jahrhundert n. Chr. kultiviert. Bis dahin verbreitete es sich als Unkraut zwischen anderen Getreiden. Roggen ist von grau-grüner Farbe und das tropfenförmige Korn läuft spitz zu. Das pflegeleichte und anspruchslose Getreide hat zwar auch einen sehr hohen Vitamin- und Mineralstoffanteil, aber keinen eigenen Klebergehalt, obwohl es auch Gluten enthält. Daher braucht Roggen Sauerteig für die Gärung oder ihm müssen beim Brotbacken mehr als 50 Prozent Weizen zugefügt werden. Aber Roggenbrote schmecken intensiver und bleiben länger frisch.

Gerste – Hordeum vulgare

Gerste ist neben Emmer und Einkorn die älteste gezielt angebaute aller Getreidearten. Ihr Ursprungsland ist der Vordere Orient, wo sie schon 10 500 v. Chr. belegt ist. In Mitteleuropa wird Gerste seit der Jungsteinzeit, um 5 000 v. Chr., angebaut.
Es wird in Winter- und Sommergerste unterschieden. Während die eiweißhaltige Wintergerste hauptsächlich als Futtergetreide Verwendung findet, verdanken wir der eiweißarmen Sommergerste Whisky und Bier. Zum Backen eignet sich Gerste höchsten für Fladenbrote. Sollen die Brote aufgehen, braucht Gerste die Verbindung mit Weizenmehl.
Den gekeimten Sprossen wird eine entwässernde und fiebersenkende Wirkung zugesprochen.

Einkorn – Triticum monococcum

Einkorn ist eine der ältesten Arten, die aus wildem Weizen kultiviert wurde. Das genaue Ursprungsland ist umstritten. Relativ sicher ist seine Herkunft aus dem vorderasiatischen Raum. Einkorn bildet pro Ährenspindel nur ein Korn aus. Das gibt ihm den Namen, war aber auch Ursache dafür, dass es vom Weizen verdrängt wurde, da sein Ertrag sehr viel geringer ist.
Im 20. Jahrhundert war Einkorn nahezu ausgestorben, ist seit einigen Jahren aber wieder in Naturkost- und Bioläden zu erhalten. Sein Gehalt an Mineralstoffen und Aminosäuren ist wesentlich höher als der des gemeinen Weizens. Am konzentriertesten liegt er in gekeimten Sprossen vor. Zudem enthält es Beta Carotin, was dem Mehl seine gelbliche Farbe verleiht. Einkorn hat einen nussigen, feinen Geschmack und ist bei Verdauungs- und Konzentrationsstörungen förderlich.

Emmer – Triticum dicoccum

Emmer ist wie das Einkorn ein Spelzgetreide. Allerdings reifen an der Ährenspindel nicht nur ein Korn, sondern zwei. Weswegen es auch Zweikorn heißt. Ursprungsgebiet ist der Fruchtbare Halbmond. Es ist neben Einkorn eines der ältesten kultivierten Getreide. Beide markieren in der Menschheitsgeschichte den Übergang vom umherziehenden Jäger und Sammler zum sesshaften Ackerbauern. Emmer verlor schon früh durch den ertragreicheren Weizen an Bedeutung. Erst heute wird in einigen Projekten, besonders in Süddeutschland und seit 1994 in der Schweiz, der Anbau von Emmer wieder gefördert.
Das glutenhaltige Getreide zeichnet sich durch einen hohen Eiweiß- und Eisengehalt sowie einen kräftigen, würzigen Geschmack aus.

Hafer – Avena sativa

Hafer hat ein spindelförmiges, langes Korn und ist eine der nährstoffreichsten Getreidearten. Er enthält die meisten Proteine und Fette und lebenswichtige Nährstoffe wie Calcium, Eisen, Silicium, Zink, Mangan sowie die Vitamine D1 und E. Hafer ist anspruchslos, er gedeiht auch auf sehr kargem Boden. Weltweit kennt man an die 70 Sorten. Bis zur Einführung der Kartoffel war der aus Hafer gewonnene Brei das wichtigste Grundnahrungsmittel. Hafer hilft bei Konzentrationsstörungen, fieberhaften Erkrankungen und durch seine leichte Verdaulichkeit auch bei Magen- und Darmproblemen.

Kamut – Triticum turgidum polonicum

Kamut ist eine Urform des Weizen. Er stammt aus Ägypten und der Name leitet sich aus dem alten ägyptischen Wort für Weizen, Seele der Erde, ab. Die Kultivierung der alten Sorte ist dem Amerikaner Bob Quinn zu verdanken, der 1948 in einem Pharaonengrab einige Körner entdeckte. 1990 wurde Kamut von dem amerikanischen Landwirtschaftsministerium offiziell als Sorte anerkannt. Die Getreidekörner sind leicht gebogen, fast doppelt so groß wie Weizen und von bräunlich gelber Farbe. Kamut kann genauso wie Weizen verwendet werden, da er über gute Klebereigenschaften verfügt. Sein Gehalt an Eiweiß, Aminosäuren, Vitaminen und Mineralien ist dagegen deutlich höher. Darüber hinaus enthält er besonders viel Selen, welches als wichtiger Schutz gegen Krebs gilt. Da er beim Anbau schlecht auf Kunstdünger und Schädlingsbekämpfungsmittel anspricht, ist er für die konventionelle Landwirtschaft uninteressant und fast ausschließlich in Naturkostläden zu erwerben.

Mais – Zea mays

Mais ist eine der wichtigsten Getreidepflanzen der Welt – und zugleich die größte, sowohl von der Wuchsform als auch von der Körnergröße. Hauptanbaugebiete sind China und die USA.
Der glutenfreie Mais enthält deutlich weniger Eiweiß als andere Getreidesorten, dafür weist er einen hohen Gehalt an Vitamin A und E sowie an ungesättigten Fettsäuren auf. Trotz alledem wird Mais in Europa hauptsächlich für Tiernahrung verwendet. Aber jeder kennt die gelben, süßlichen Körner als Popkorn, das in jedem Kino erhältlich ist.

Reis – Oryza sativa

Reis ist eines der Hauptnahrungsmittel neben Mais und Weizen. Sein ursprüngliches Gebiet ist der asiatische Raum, wo er heute noch eine unbestrittene Rolle spielt. So bedeutet das Wort „Reis" in Thailand gleichzeitig auch Essen und Mahlzeit. Obwohl Reis schon mehr als 7 000 Jahre bekannt ist, gelangte er erst mit den Mauren im 9. Jahrhundert nach Europa.
Naturreis enthält wertvolle Ballaststoffe, Proteine, Mineralien und Vitamine. Damit aus dem braunen Reis ansehnlicher weißer Reis wird, müssen das Silberhäutchen (Aleuronschicht) und der Kern abpoliert werden. Dabei gehen nahezu alle Nährstoffe verloren. Nur durch das sogenannte Parboiling-Verfahren gelingt es, die Nährstoffe in den Kern zu pressen, so dass ein größerer Teil erhalten bleiben kann.

Hirse – Panicum sp.

Hirse ist ein Sammelbegriff für mehrere Getreidegattungen. Die Hirse, die wir kennen, sind die geschälten Körner der Rispenhirse. Die runden Samen des glutenfreien Getreides sind goldgelb, weißlich oder rotbraun, winzig klein und haben einen milden Geschmack. Ihr Anbau und Verzehr sind heute besonders in Afrika und Asien weit verbreitet. Hirse ist reich an Kieselsäure (Silicium) und Fluor und ist damit besonders gut für Haut, Haare, Nägel und Zähne. Die Nährstoffe der Hirse konzentrieren sich nicht auf die äußersten Schichten und den Kern, sondern sind im ganzen Korn enthalten.

Pseudogetreide

Die folgenden Körnerfrüchte sind trotz ihrer ähnlichen Verwendung kein Getreide im botanischen Sinne, da sie nicht der Familie der Süßgräser angehören. Aber sie spielen eine wichtige Rolle als Getreideersatz. Vor allen Dingen für Menschen, die an einer Glutenunverträglichkeit (Zöliakie) leiden, da diese Pseudozerealien sehr mineralien- und stärkehaltig sind, aber über kein Klebereiweiß (Gluten) verfügen. Abgesehen vom Fladenbrot sind sie daher nicht zum Brotbacken geeignet, es sei denn, das Mehl wird mit backfähigen Sorten vermischt.

Buchweizen – Fagopyrum esculentum

Buchweizen gehört zur Familie der Knöterichgewächse und ist aus der Mongolei nach Europa gekommen. Die Frucht, ähnlich einer Buchecker, ist dreieckig und von einer Schale umgeben, die vor der weiteren Verwendung entfernt werden muss. Weltweit spielt Buchweizen eine untergeordnete Rolle. Lediglich in Osteuropa und China wird er vermehrt angebaut. Buchweizen gilt als wertvolles Nahrungsmittel mit viel Eiweiß und Stärke. Als Tee genossen wirkt er durch seinen Inhaltsstoff Rutin gegen Durchblutungsstörungen und Krampfadern. Allerdings kann der übermäßige Verzehr der ungeschälten Frucht zur sogenannten Buchweizenkrankheit führen. Die Haut reagiert empfindlich auf Sonneneinstrahlung und es kann zu Magen- und Darmbeschwerden kommen.

Amarant – Amaranthus tricolor

Amarant stammt aus Südamerika und gehört zur Familie der Fuchsschwanzgewächse. Er zählt zu den ältesten Nutzpflanzen der Menschheit und diente den Azteken und Inka nicht nur als Grundnahrungsmittel, sondern auch als Opfergabe für ihre Götter. Die hellbraunen, hirseähnlichen Körner weisen deutlich höhere wertvolle Inhaltsstoffe als unsere einheimischen Getreidesorten auf. Sie sind besonders reich an Ballaststoffen und Eisen, Magnesium und Calcium. Die glutenfreien Körner sind wegen dieser überdurchschnittlich hohen Werte für Sportler bestens geeignet und wegen des hohen Eisengehalts gut während der Schwangerschaft. Die Samenkörner mit dem nussigen, würzigen Geschmack können gekocht, für Müsli geschrotet oder als Mehl verwendet werden. Selbst Popkorn lässt sich aus ihnen herstellen.

Quinoa – Chenopodium quinoa

Quinoa, zu Deutsch Reismelde; stammt ursprünglich aus Peru, gehört zur Gattung der Gänsefußgewächse und ist schon seit 6 000 Jahren Grundnahrungsmittel der Andenbewohner. Neben Amarant ist es die einzige Getreideform, die auch noch über 4 000 Meter Höhe angebaut werden kann. Die Samen sind klein wie Senfkörner und von rotbrauner, weißer oder gelber Farbe. Die Quinoapflanze hat weitaus höhere Nährstoffwerte als Getreide, weswegen sie auch als Gold der Inka bezeichnet wird. Das Korn enthält zum Beispiel die sonst nur in Fischen vorkommende Omega-3-Fettsäure und weitere ungesättigte Fettsäuren. Zudem ist Quinoa reich an Calcium, Magnesium und Eisen sowie verschiedenen Vitaminen. Allerdings enthält die Schale natürliche Bitterstoffe (Saponine), weswegen ungeschälte Quinoa vor dem Verzehr immer gut gewaschen werden sollte.

Mehrkornbrot
500g
Tessiner
Quarkkorn
500g
CAFE
LAMM
Feinbäckerei
Konditorei

Bäckerei Konditorei Café Lamm

Vor den Toren Basels liegt Weil am Rhein im Dreiländereck Schweiz, Frankreich und Deutschland. Ein Besuch der Stadt lohnt zu jeder Jahreszeit, insbesondere jedoch einer in der Bäckerei und Konditorei Lamm. Seit über 30 Jahren ist Andreas Lamm mit seiner Frau Sybille hier ansässig und ihr Geschäft ist ein äußerst beliebter Treffpunkt. Von morgens bis abends treffen sich hier Alt und Jung zum gemütlichen Plausch, ob im Café, draußen auf der Terrasse oder zum Einkauf in der gut sortierten Bäckerei.

Mittags suchen viele Gäste und Berufstätige das Café mit familiärer Atmosphäre in ihrer Pause auf, da sie das täglich wechselnde Tagesgericht sehr zu schätzen wissen. Gekocht wird immer frisch und mit saisonalen Produkten.

Kommt man zur traditionellen Kaffeezeit, sieht man es häufig, dass viele Gäste – bevor sie im Café Platz nehmen –, mehrere Minuten vor der verlockenden Auswahl an knusprigem Gebäck, frisch gebackenen Kuchen und feinen Torten in der Konditorei stehen. Die von Andreas Lamm und seinen Angestellten gebackenen Köstlichkeiten sind appetitlich hinter einer Glastheke präsentiert. Da läuft einem sofort das Wasser im Munde zusammen, wenn man die Käsesahnetorte oder den knusprigen Apfelkuchen entdeckt; eine Wahl zu treffen fällt schwer. Ist die Entscheidung getroffen, kann man in der kurzen Wartezeit, bis die Leckerei vor einem auf dem Tisch steht, die Blicke im heimeligen Café schweifen lassen; und bevor man dann nach Hause geht, noch Brot und Brötchen zum Abendessen mitnehmen.

Ob Klosterstangen, Siserli oder Gutsherrenbrot, alle Backwaren werden täglich frisch gebacken, nach eigenen Rezepturen. An hochwertigen Zutaten wird nicht gespart: Gute Butter, frische Eier und feines Mehl sorgen, genau wie bei den alten Rezepten aus Omas Backbuch, als natürliche Zutaten für den reinen Geschmack.

Zudem verwendet Bäckermeister Andreas Lamm Schnitzer-Getreide, aus dem er seine Biobackwaren herstellt. Seit über 20 Jahren bezieht er dieses Getreide, das ausschließlich aus ökologischer Agrarwirtschaft stammt und nach speziellen Richtlinien angebaut, kontrolliert und zertifiziert wird. Gemahlen wird das Getreide auf schonende Art in einer Steinmahlwerkmühle, bevor es weiter verarbeitet wird.

Dies ist nicht die einzige Besonderheit, die Andreas Lamm zu bieten hat. Alta Mura, ein Weißbrot, das im Sommer angeboten wird, Kastanienbrot im Herbst oder das Winterbrot mit Mandeln und Haselnüssen: Es lohnt sich, das Sortiment genau unter die Lupe zu nehmen, man entdeckt immer wieder etwas Neues! Oder man befragt das gut ausgebildete Fachpersonal. Die meisten der fachlich versierten Mitarbeiter der Bäckerei und Konditorei Lamm haben schon als Lehrling im Betrieb angefangen, besitzen entsprechendes Fachwissen und machen gern auch auf besondere Backwaren aufmerksam.

Zum Beispiel auf eine Spezialität, die man unbedingt ausprobieren sollte: die beliebten Fastenwaien, auch Fastenwähen genannt. Das Baseler Gebäck hat den Sprung über den Rhein nach Weil am Rhein in die Bäckerei Lamm

Kontakt:

Bäckerei Konditorei Café Lamm
Inhaber: Andreas Lamm

Hauptstraße 272 | 79576 Weil am Rhein
Telefon 07621/71066 | Telefax 07621/71066
www.baeckerei-lamm.de

geschafft. Die Saison beginnt nach dem Dreikönigstag und endet kurz nach der Basler Fasnacht. Der Legende nach stammt das Gebäck, dessen Ursprung bis weit ins Mittelalter reicht, aus der Zeit, als im Kloster während der vorösterlichen Fastenzeit „weÿen" verzehrt wurden. Bei der Herstellung wird viel Wissen, Können und Erfahrung benötigt. Wer sich zu Hause daran versuchen möchte, Andreas Lamm hat sein Rezept zur Verfügung gestellt. Allerdings unterliegt man einem Irrtum, wenn man glaubt, dass das Gebäck zum Fasten geeignet ist. Der hohe Butteranteil verhindert dies, auf Nährwertangaben wird daher verzichtet… Am besten schmeckt die Fastenwaie übrigens mit Tee oder Kaffee.

Zutaten für 18 Stück:

580 g Weizenmehl Type 405 | 60 g Milchpulver | 12 g Salz | 300 ml Eiswasser
30 g Hefe | 60 g Margarine | 60 g Butter | 2–3 Eigelb | 2 EL Kümmel

Fastenwaien

Mehl, Milchpulver und Salz gut vermischen. Eiswasser, Hefe, Margarine und Butter – in kleine Stücke geschnitten – unterarbeiten und alles zu einem lockeren Teig kneten und die Fastenwähen sofort formen.

Den Teig dafür in 18 Stücke à circa 50 bis 60 Gramm aufteilen. Teigstücke oval ausrollen (etwa 15 Zentimeter lang). Die Enden wie bei einem Bonbon etwas zusammendrücken. In der Mitte den Teig 4-mal, etwa 5 Zentimeter lange Schnitte setzen, seitlich vorsichtig auseinanderziehen, damit Spalten entstehen.

Fastenwaien auf ein mit Backpapier belegtes Blech legen. Das Blech mit Frischhaltefolie ringsum abdecken beziehungsweise verschließen, damit keine Feuchtigkeit entweicht. Ansonsten verkrusten die Oberflächen der Fastenwaien, trocknen aus. Nun die Teiglinge mindestens 2 Stunden auf die doppelte Größe gehen lassen.

Die Teigstücke mit verquirltem Eigelb bestreichen und mit Kümmel bestreuen.

Den Backofen auf 240 °C vorheizen, die Fastenwaien einschieben und die Temperatur sofort auf 200 °C reduzieren, damit sich keine neue Hitze bildet. Circa 12 bis 14 Minuten backen, bis sie goldgelb sind.

Backhaus-Café Liese

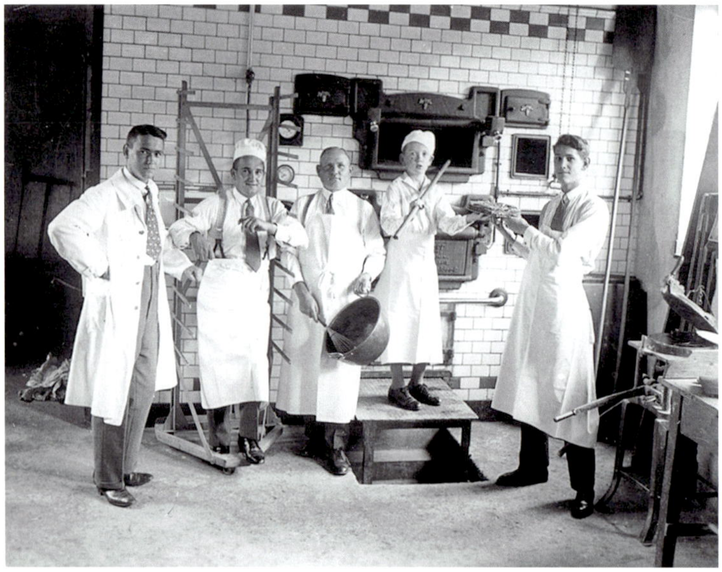

„Paul", der Name wird nicht nur in Großbuchstaben in die Kruste jedes der gleichnamigen, kräftig dunklen Paderborner Landbrote geritzt, er spielt auch in der Firmenhistorie des sauerländischen Bäckereibetriebes Liese eine wichtige Rolle. Paul nämlich hieß der Firmengründer des Backhaus-Café Liese und Großvater des heutigen Inhabers Jörg Liese. „Opa Pauls Rezepte sind bis heute überliefert. Einige von ihnen, wie das Paderborner Landbrot, werden beinahe unverändert von uns angewendet", erzählt Bäcker- und Konditormeister Jörg Liese, der den Betrieb 2000 von seinem Vater Gerhard übernahm und seitdem mehrfach mit renommierten Auszeichnungen geehrt wurde. Andere Rezepte aus dem Nachlass von Opa Paul, wie beispielsweise ein Stollengrundrezept, das Paul Liese von seiner Gesellenwanderschaft mitbrachte, legten gar den Grundstein für die inzwischen überregional bekannte und ebenfalls mehrfach ausgezeichnete Stollenbäckerei. Denn Jörg Liese hat nicht nur etwa 25 verschiedene Brotsorten – davon drei, die in einem historischen Holzofen gebacken werden – in seinem Sortiment. Er hat sich vor allem als Stollenspezialist einen hervorragenden Namen gemacht. Erst vor zehn Jahren begann er, das ursprüngliche Stollenrezept seines Großvaters abzuwandeln – heute bietet er rund 20 verschiedene und ausgefallene Stollenkreationen an, die allesamt seiner Experimentierfreude mit guten und natürlichen Zutaten zu verdanken sind.

Begonnen hat alles mit dem Jahrtausendwechsel, für den der kreative Bäcker- und Konditormeister einen Milleniumstollen kreierte. Nach den Feierlichkeiten wurde das Rezept erneut abgewandelt, aus dem Millenium- wurde ein Premiumstollen mit Champagner. Es folgten Rotwein- und Mozartstollen, der sogenannte Glückaufstollen, der vor dem Verkauf in einem unterirdischen Stollen gelagert wird, wo er ein ganz besonderes Aroma entwickelt, sowie viele weitere Sorten, die inzwischen alle von unabhängigen Stollenprüfern getestet und prämiert wurden.

Dreimal bereits 2003, 2006 und 2009 wurde Jörg Liese für seine leckeren Kreationen mit dem „Stollenoskar", dem Zacharias Champions Award geehrt, dem begehrtesten Preis der Backbranche für Stollenbäcker. Von Oktober bis Januar steht seine Backstube denn auch ganz im Zeichen der Stollenbäckerei. Viele Kunden kommen ins Ostwiger Hauptgeschäft oder die Filiale in Bestwig-Velmede, um Stollen zu kaufen, aber der größere Teil der haltbaren Spezialitäten wird unter www.stollenspezialist.de in alle Welt verschickt.

„Qualität spielt bei allen unseren Produkten eine herausragende Rolle", sagt Jörg Liese, der selbst Mitglied im deutschen Stollenexpertenrat ist. Angefangen beim selbst gezüchteten Natursauerteig für die Brote bis zu hochwertigen und ausschließlich natürlichen Backzutaten für die Stollenbäckerei.

STOLLEN-ZACHARIAS
2006
Liese

Damit es nicht bei Lippenbekenntnissen bleibt, stellt er sich gemeinsam mit seinem Team aus Bäckermeistern, Gesellen und Auszubildenden regelmäßig den Qualitätstests der Bäckerinnung – mit besten Ergebnissen: 2008 wurden acht seiner Brotspezialitäten und 20 seiner Stollenrezepturen ausgezeichnet. Auch die Zertifizierung zum Westfalenbäcker hat Jörg Liese bekommen. Das Gütesiegel, das handwerklich geführten Bäckereien in Westfalen-Lippe verliehen wird und strenge Vorgaben mit sich bringt, garantiert den Kunden beste Produktqualität.

Seit neuestem können Jörg Lieses Kunden übrigens nicht nur seine Stollenspezialitäten im Internet bestellen, sondern auch seine Brote. Unter www.lieblingsbrot.com sind vom Holzmichel- über ein Wellnessbrot bis zu Paul, dem überlieferten Paderborner Landbrot, derzeit neun Brotsorten verfügbar.

Kontakt:

Backhaus-Café Liese
Der Stollenspezialist
Inhaber: Jörg Liese

Hauptstraße 23 | 59909 Bestwig-Ostwig
Telefon 0 29 04 / 22 50 | Telefax 0 29 04 / 22 34
www.stollenspezialist.de | www.lieblingsbrot.com

Zutaten für 4 Stück à 650 g:

Für die Früchte: 350 g hochwertige Sultaninen | 250 g Apfelwürfel (z. B. Boskop) je 100 g gehackte und geröstete Haselnüsse und Mandeln | 100 ml Apfelsaft

Für den Teig: 1 kg Weizenmehl Type 550 oder 405 | 100 g Butter | 100 g Zucker | 2 Eier 80 g Hefe | 400 ml lauwarmes Wasser | 20 g Salz | 1 Prise Bourbonvanille (aus der echten Schote) | etwas abgeriebene Tonkabohne (in der Apotheke erhältlich)

Für die Streusel: 100 g Butter | 100 g Zucker | 200 g Weizenmehl Type 550 oder 405

Sauerländer Bauernstollen

Früchte und Nüsse mit dem Apfelsaft mischen und einen Tag ziehen lassen. Die Hefe im lauwarmen Wasser auflösen. Alle Teigzutaten zu einem geschmeidigen Teig verkneten. Anschließend die eingeweichten Früchte mit dem Teig vermischen und nochmals kräftig verkneten. Den Teig, der eine Temperatur von 26 °C haben sollte, mit einem Tuch abdecken und bei Raumtemperatur 30 Minuten ruhen lassen, zwischenzeitlich zweimal überklappen. Nun den Teig in vier Stücke à 650 Gramm teilen und zu Kugeln formen, die noch einmal 15 Minuten abgedeckt ruhen und dann zu Broten geformt werden. Die Brote in gefettete und mit Streuseln ausgelegte Kastenformen legen und mit verquirltem Ei bestreichen, anschließend die Oberseiten der Laibe mit Streusel versehen und abgedeckt weitere 45 Minuten gehen lassen. Die Brotlaibe sollten sich dann verdoppelt haben. Zum Schluss bei 200 °C circa 25 Minuten backen.

Tipp:

Der Sauerländer Bauernstollen hält sich fünf Tage frisch.

Max Rischart's Backhaus

Max Rischart sen. war ein tüchtiger Bäcker und Melber, der 1881 vom Starnberger See her in die königlich-bayerische Haupt- und Residenzstadt München kam. Er eröffnete zwei Jahre später in der Isarvorstadt eine Bäckerei mit Ladengeschäft. Heute wird das moderne, mittelständische Traditionsunternehmen von Magnus Müller-Rischart und seinem Vater Gerhard bereits in der fünften Generation geführt.

Seit 1932 ist das Haus am Marienplatz der geschäftliche Mittelpunkt und gleichzeitig die meistbesuchte Bäckerei Deutschlands. Hier und in elf weiteren Filialen in Münchner Bestlagen können die Kunden zwischen 40 Brot- und Semmelsorten und 80 süßen Sachen wählen. Die hochmoderne Backstube in der Buttermelcherstraße im benachbarten Glockenbachviertel ist mit mehreren Architekturpreisen ausgezeichnet. Bereits um zwei Uhr morgens beginnt das rege Treiben. Teige werden geknetet, Öfen geheizt, es riecht nach frisch gebackenem Brot und Süße liegt in der Luft. Seit vielen Jahren wird die Produktion von Bäcker- und Konditormeister Ernst Gärth geleitet, der sein Handwerk versteht und besonders den beliebten Urlaib lobt: „Der ist etwas ganz Spezielles. Da ist jedes Brot ein Unikat." Eine echte Herausforderung ist der Ansatz des sogenannten Vorteigs. Zwei sehr sensible Teige, ein Natursauer- und ein Weizenteig, werden dafür zusammengeführt. Die einzelnen Handgriffe folgen einer genauen Choreografie: das Abmessen der Zutaten, die genaue Temperatur von 24 °C während des Mischens und immer wieder lange Ruhepausen, oft über 30 Stunden, in denen der Teig geht. So gereift, wird der Teig mit Mehl, Meersalz, Hefe, Wasser und Gewürzen gut verknetet, per Hand geschöpft und im traditionellen Etagenboden doppelt gebacken. Das ergibt die knusprige Kruste, die die Brotkrume versiegelt.

Zeit ist überhaupt das Geheimnis aller Rischart-Brotarten, gleichsam die Rohstoffe für den vollen und kräftigen Geschmack. So kommen sie größtmöglich aus der Region und werden ohne jeglichen Zusatz weiterverarbeitet: zu Vierkornbrot, Pugliese, Dinkel- oder Blütenbrot.

Dass Backen hohe Handwerkskunst ist, zeigt sich nicht nur bei den mehrfach mit Goldmedaillen prämierten Broten, sondern auch bei den Brezen, die schon seit dem Frühchristentum als Fastengebäck bekannt sind. Rischart's Backhaus ist Brezenspezialist und bekannt für die kunstvollen Zopfbrezen, die ganzjährig von Hand gezogen werden. Wiesnbrezen, Hochzeitsbrezen oder eine ganz einfache Butterbreze, das knusprige und gleichzeitig weiche Laugengebäck ist aus der Münchner Brotzeitszene nicht wegzudenken.

Alle Brote und Kleingebäcke nach den originalen Rischart-Rezepturen werden über den ganzen Tag verteilt, insgesamt siebenmal ausgeliefert. Sogar nachmittags um vier kommen noch ofenfrische Brezen und Semmeln in die Cafés und Verkaufsstellen, denn die große Backstube mit 150 Mitarbeitern liegt ja mitten in der Stadt und garantiert durch die kurzen Lieferwege allerorten Frische.

Rischart
M. Müller-Rischart
Rischart
wo's duftet und schmeckt
Rischart
Ur-Laib

Trotz seiner Größe – mittlerweile 450 Mitarbeiter – wird bei Rischart besonderer Wert auf menschliches Miteinander im Arbeitsalltag gelegt und das Backhaus bleibt ein unabhängiger und individueller Familienbetrieb, dem es um die Pflege hochwertiger Qualität geht. Die altbewährte Richtlinie ist seit den Anfängen vorgegeben: „Brot backen wir, gutes Brot, das schmeckt und den Menschen Genuss und Freude bringt. Brot, das den Tag gut beginnen lässt, Kraft für den Alltag bringt und Feste verschönert", sagt Seniorchefin Marianne Müller-Rischart. Zur Unternehmensphilosophie gehört mittlerweile auch das Engagement von Gerhard Müller-Rischart, der seit nunmehr 25 Jahren und zehn RischArt_Projekten Kunst im öffentlichen Raum sponsert und sich damit um die Kultur in der Stadt München besonders verdient gemacht hat.

Für große Familienfeste ist nicht viel Zeit. Aber ein paarmal im Jahr setzen sich die Mitglieder der Münchner Bäcker- und Konditorenfamilie schon zusammen, etwa zum Osterfrühstück. In der Mitte der Festtafel liegt dann der Schinken im Brotteig, eine rischartsche Spezialität, saftig, herzhaft und für alle ein wahrer Festschmaus.

Kontakt:

Max Rischart's Backhaus KG
Inhaber: Magnus und Gerhard Müller-Rischart

Marienplatz 18 | 80331 München
Telefon 089/2317 00-0 | Telefax 089/2317 00-509
www.rischart.de

Zutaten für 20 Stück (Herstellungsweise für den Hausgebrauch ohne Lauge):

1 kg Weizenmehl | 500 ml Wasser | 10 g Malz | 30 g Butter | 15 g Salz | 30 g Hefe

Zur Veredelung: Wasser | Salz | Mehl

Münchner Brezen

Für die Münchner Breze stellt man einen kühlen (circa 20 °C), festen und feuchten Teig her. Dies gelingt am besten mit Eiswasser: Alle Zutaten intensiv miteinander verkneten und eine kurze Teigruhe einräumen. Danach 20 gleich schwere Stücke abwiegen und diese zu Strängen ausformen. Dabei sollten die „Ärmchen" an den Enden dünner zulaufen. Die Stränge nun von der Mitte aus nach außen drehen, sodass die charakteristische Brezenform mit drei gleichmäßig verteilten Innenräumen entsteht. Die Brezen sofort bei feuchtwarmer Temperatur circa 30 Minuten auf Gare stellen und anschließend bei 240 °C etwa 12 bis 15 Minuten ausbacken. Zur Veredelung nach dem Backen die Oberfläche mit Wasser benetzen und in eine feinkörnige Mischung aus Salz und Mehl tauchen.

Konditorei-Bäckerei Muschler

Freising, seit dem 8. Jahrhundert Bischofssitz und uralter bayerischer Kulturboden mit Zukunftsperspektive, liegt im Hügelland nördlich der Landeshauptstadt München. Hier gibt es seit Mitte der 1950er-Jahre eine Bäckerei, die als Synonym für Brotkultur steht. Josef Muschler sen. und seine Frau Franziska kamen mit ihren Kindern aus Augsburg hierher und übernahmen im Mai 1955 die alteingesessene Weber-Bäckerei in der Stadtmitte. Dort gingen die Geschwister „durch eine harte Schule", denn alle Kinder mussten fleißig mithelfen. Es wurde im herkömmlichen Dampfbackofen gebacken, der mit Holz und Kohle bestückt werden musste – eine schwere Arbeit für die ganze Familie. Das änderte sich erst 1975, als die Bäckerei in das Haus der früheren Bäckerei Zischka im alten Freisinger Stadtteil Neustift umzog. Hier gab es bereits eine modernere Ofentechnik.

Einzig Josef Muschler, der heutige Inhaber, ist bei allem technischen Fortschritt dem backenden Handwerk treu geblieben, unterstützt von seiner Frau Roswitha, die er an einem Rosenmontag beim Rausbacken der frischen Krapfen kennengelernt hat. Der Name Muschler gehört inzwischen einfach zu Freising und die Nachfolge ist bereits gesichert: Sohn Andreas, mit seinen jungen 25 Jahren schon Bäckergeselle und Konditormeister, hat sich auf seiner „Lehr-Wanderschaft" in den führenden Bäckereien Europas erste Sporen verdient, um den eingeführten Betrieb eines Tages zu übernehmen. Zwei Filialen gibt es in der Innenstadt und eine im nahen Marzling, in denen die Bäckersleute die Einwohner mit einem großen Angebot an Broten, Semmeln und Feingebäck verwöhnen. Das heißt: Verwöhnen mit hochwertiger Qualität in den Rohstoffen, denn ausgesuchte Mehle und andere Zutaten kommen von den Höfen der umliegenden Landwirte, die sich in der Solidargemeinschaft Freisinger Land zusammengetan haben. Mehl, Wasser und Salz – daraus wird Brot gebacken und so sind auch das Wasser und das Salz bei den gesunden Muschler-Erzeugnissen etwas ganz Besonderes: Belebtes, naturreines und vitalisierendes Leitungswasser mit Quellwassercharakter wird im Haus aufbereitet und gibt den Backwaren zusammen mit dem kristallinen Steinsalz aus einer Saline in Portugal eine ganz neue Qualität. Die Gewinnung des Salzes verläuft nach alter Weise in Handarbeit, genau wie die Herstellung der Brote, die wie früher mit einem 3-Stufen-Sauerteig angesetzt werden. Bei den Bioprodukten wird selbst das Getreide eigenhändig gemahlen. 65 Mitarbeiter haben hier ihren „Broterwerb" und Bäckermeister Josef Muschler zeigt Schulkindern und Lehrern gerne, wie dieses so elementar wichtige Nahrungsmittel entsteht.

Zwanzig verschiedene Sorten gibt es, hauptsächlich kräftiges Bauernbrot, Hausbrot, Freisinger Landbrot, Vollkorn, aber auch Mediterranes wie Ciabatta mit Oliven, dazu Tessiner oder Straßburger. Ein ausgesprochener Liebhaberlaib ist das Münsterländer Landbrot, das gut vier Kilogramm wiegt.

BÄKO
BÄKO

Oder auch die Spezialität Weißbierbrot, das wegen der Bierhefe mit seiner großen „wilden" Porung „unbedingt mit der Hand in dicke Scheiben geschnitten werden soll", so Roswitha Muschler, „nur so schmeckt es zur bayerischen Brotzeit." Die Chefin ist es auch, die neue „Backsachen" entwickelt und ein sicheres Gespür hat für das, was ankommt. Extravagante Kundenwünsche werden beim Freisinger Bäcker allemal erfüllt: Sei es ein Fahrrad aus Laugenteig, ein Brezenkranz aus sechs Strängen geflochten oder als Hochzeitsbrauch ein drei Meter langer Zopf zum „Zersägen". Partygebäck und zu Ostern auch mal ungesäuertes Brot – die eingespielte Muschler-Mannschaft ist für alles offen.

Draußen im hellen Laden stehen die freundlichen Verkäuferinnen und wickeln das frische Brot wie in den 1950er-Jahren noch in herkömmliches luftdurchlässiges Brotpapier, das gibt es woanders schon lange nicht mehr. Wer mag, kann sich im Stehcafé auch ein kleines Frühstück gönnen, vielleicht eine Kaisersemmel mit Butter und Himbeermarmelade, so wie es Bäckersfrau Roswitha am liebsten hat.

Kontakt:

Konditorei-Bäckerei Muschler GmbH
Inhaber: Josef Muschler

Landshuter Straße 62–64 | 85356 Freising
Telefon 08161/62055 | Telefax 08161/68874
www.muschler-freising.de

Zutaten für 2 Brote:

650 g Weizenmehl Type 550 | 230 g Roggenmehl Type 1150 | 190 g Natursauerteig (vom Bäcker, Grundteig TA 160) | 400 ml Hefeweißbier | 180 ml Wasser | 10 g Hefe
Roggenmehl um die Brote darin zu wälzen

Weißbierbrot

Alle Zutaten gleichzeitig zu einem Teig verarbeiten und intensiv kneten. Die Temperatur sollte dabei 25 °C bis 27 °C erreichen. Fertigen Teig fest abdecken und 30 Minuten bei Raumtemperatur ruhen lassen. Die Teigmenge halbieren, etwas flachdrücken und 3 bis 4 Mal übereinanderschlagen. Anschließend zuerst in runde und dann in längliche Weckenform bringen. Diese fest in Roggenmehl wälzen und jeweils auf ein mit Backpapier belegtes Blech geben. Mit Tuch und Folie abdecken und circa 1 Stunde in warmer Küche garen lassen. Wenn sich das Volumen etwa verdoppelt hat, die Wecken gut mit Wasser abstreichen und längs leicht einschneiden. Die Bleche in den auf 250 °C vorgeheizten Ofen geben. Nach etwa 5 Minuten die Ofentemperatur auf circa 170 °C reduzieren und die Borte nochmals gut mit Wasser bestreichen. Backzeit von mindestens 60 Minuten einhalten, dabei eventuell nochmals die Temperatur soweit reduzieren, dass das Brot goldgelb ausgebacken ist.

BÄKO

Bäckerei-Konditorei Mühlhäuser

Wer erliegt nicht dem Zauber von frisch gebackenem Brot? Der Duft, die weiche Krume und die knusprige Kruste der Brote der Bäckerei Mühlhäuser bereiten ein reines kulinarisches Vergnügen. Ob reines Roggenbrot, Heubach'er Sonnenbrot oder Korneck – fast jeder Kunde hat seine eigene Lieblingssorte. Dessen ungeachtet ist eines allen Broten der Bäckerei gemein: Nicht nur die erste Scheibe mit ihrer knackigen Kruste und weichen Krume lockt, sondern auch Tage später der letzte Kanten, dessen Kruste weicher und Krume fester geworden ist und immer noch gut schmeckt.

Für diese Qualität sind mehrere Faktoren verantwortlich, die auch den Grundsätzen des SlowBaking-Vereins entsprechen, dem sich Günther Mühlhäuser angeschlossen hat. Der Bäckermeister nimmt sich bei der Herstellung seiner Backwaren Zeit, damit unter anderem durch die lange Reifezeit der Teige Brote, Brötchen und Kuchen ihren aromatischen Geschmack voll entfalten können. Zudem legt er großen Wert auf traditionelle Rezepte, den Verzicht auf Convenienceprodukte und Fertigmischungen. Und unabdingbare Voraussetzung für qualitativ hochwertiges Brot ist für ihn die Auswahl der natürlichen Rohstoffe.

Der wichtigste Rohstoff – das Mehl – kommt zum einen aus der Benz-Mühle aus Heidenheim, zum anderen von der Heimatsmühle in Aalen, einer Steinmetz-Mühle. Günther Mühlhäuser verwendet seit langem Steinmetz-Mehl, das schon seit über 100 Jahren hergestellt wird. Das Korn dieses Mehls wird in einem patentierten Verfahren schonend gewaschen und von der Holzfaserhülle befreit. Dadurch werden gesundheitsschädliche Schadstoffe, die sich aus der Luft auf der Hülse abgelagert haben, entfernt. Das gemahlene Korn behält jedoch seine ballaststoffreiche Samenschale, wichtige Mineralien und Spurenelemente.

Seit einiger Zeit nimmt man bei der Bäckerei und Konditorei Mühlhäuser Keimkraftmehl als weitere Zutat für die Backwaren hinzu. Dieses besondere Mehl wird aus zehn verschiedenen Keimlingen hergestellt, die zum Keimen gebracht und dann schonend getrocknet werden. In diesem Zustand sind

Kontakt:

Bäckerei-Konditorei Mühlhäuser
Inhaber: Günther Mühlhäuser

Hauptstraße 1 | 73540 Heubach
Telefon 07173/91070 | Telefax 07173/910722
www.muehli.de

die meisten Vitamine und Mineralstoffe enthalten. Anschließend werden die getrockneten Keimlinge vermahlen und in einer Dosis von fünf bis zehn Prozent dem Mehl zugesetzt. Durch diese besondere Kombination wird unter anderem erreicht, dass auch Weißmehlprodukte wie Brezeln oder Plunderstücke fast den identischen Mineralstoff- und Vitamingehalt von Vollkornprodukten besitzen. Eine Tatsache, die viele der Stammkunden der Bäckerei sehr zu schätzen wissen.

Denn Ernährungsfragen werden zunehmend wichtiger. Dem Wunsch nach Aufklärung wird bei Mühlhäuser diesbezüglich gern Rechnung getragen. Sowohl in den Bäckereien als auch auf der Internetseite erfährt man genau, was in den Broten und Brötchen enthalten ist. Und wer noch weitere Zusatzinformationen benötigt, kann sich an die Fachverkäuferinnen wenden, unter denen sich auch zwei ausgebildete Ernährungsberaterinnen befinden.

Mit der Beratung und Information wird bei der Bäckerei Mühlhäuser schon früh begonnen: Im Rahmen eines Sommerferienprogramms wird Kindern auf praktische Art und Weise vermittelt, dass es Brot und Brezeln nicht nur im Laden zu kaufen gibt, sondern aus verschiedenen wertvollen Zutaten besteht. Hier kneten sie selbst den Teig, schlingen Brezeln, formen Brötchen oder füllen Apfeltaschen, um sie anschließend auszubacken und natürlich zu „verputzen". Natürlich sind bei Kindern die süßen Naschereien besonders beliebt, aber das gilt auch für viele Erwachsene.

Daher noch ein kleiner Tipp zum Schluss: Bevor man seinen Einkauf in der Bäckerei abschließt, sollte man auf keinen Fall vergessen, die süßen Köstlichkeiten der Konditorei genauer unter die Lupe zu nehmen. Denn immer eine Sünde wert sind die hier angebotenen selbst hergestellten Plunderstücke, Käsekuchen oder die Schwarzwälder Kirschtorte.

Zutaten:

740 g Weizenmehl Type 1050 | 45 g Roggenmehl Type 1150
75 g Roggennatursauerteig | 30 g Hefe | 20 g Salz | 620 ml Wasser

Genetzter Bauernlaib mit Wasser geformt

Weizenmehl, Roggenmehl, Natursauerteig, Hefe, Salz und 520 Milliliter Wasser 3 Minuten langsam in der Küchenmaschine kneten, dann weitere 6 Minuten schnell.

Jetzt 50 Milliliter Wasser nachschütten, den Teig 2 Minuten langsam kneten, dann weitere 3 Minuten schnell kneten. Jetzt das restliche Wasser zugeben und Teig nochmals wie zuvor in der Maschine kneten lassen. Diese Schritte auf keinen Fall auslassen und das Wasser auf einmal zugeben. Dann wird der Teig zu flüssig und bindet nicht. Die Teigkonsistenz ist weich, daher auf keinen Fall weiteres Mehl zugeben.

Nun den Teig circa 90 Minuten abgedeckt an einem warmen Ort (optimale Temperatur bei 24 °C) ruhen lassen.

Backofen und ein mit Backpapier ausgelegtes Blech auf 240 °C vorheizen. Nach der Teigruhe den Laib mit tropfnassen Händen ausheben und formen (der Teig ist nach wie vor sehr weich). Nun den Teig auf das heiße Blech legen und in den Backofen schieben. Das Brot etwa 10 bis 15 Minuten backen, dann die Temperatur auf 200 °C reduzieren und weitere 60 bis 70 Minuten backen. Mit der Klopfprobe testen, ob das Brot fertig ist. Auf einem Gitter abkühlen lassen.

Die Grundlagen des Backens

Und schließlich schob der Bäckermeister,
nachdem wir erst als zäher Kleister
in seinem Troge baß gehudelt,
vermengt, geknebelt und vernudelt,
uns in des Ofens höchste Glut.
Jetzt sind wir Brot. Ist das nicht gut?

(Wilhelm Busch, Auszug aus „Das Brot")

Um Brot zu backen, muss als allererstes der Teig hergestellt werden. Das einfache Grundrezept für jedes Brot lautet:

Mehl | 60 bis 70 Prozent Wasser | 2 Prozent Salz | und als Triebmittel Hefe oder Sauerteig.

Die Wasserangaben schwanken, weil sie von der Beschaffenheit des Mehls abhängig sind. Je feiner das Mehl, desto weniger Wasser muss hinzugefügt werden. Hier ist ein wenig Fingerspitzengefühl gefragt. Letztendlich sollte so viel Flüssigkeit hinzugefügt werden, dass ein geschmeidiger, glatter, nahezu samtiger Teig entsteht. Wichtig: Je besser ein Teig geknetet ist, desto besser und schmackhafter wird das Brot. Weitere Zutaten können je nach Brotsorte und Geschmack hinzugefügt werden.

Hefe oder Sauerteig? Sowohl Hefe als auch Sauerteig sorgen dafür, dass das Brot aufgeht und das Innere, die Krume, weich und locker werden kann. Während ein Weizen- oder Weizenmischbrot mit Hefe einen Gärprozess eingeht, braucht das dunklere Roggenmehl Sauerteig als Triebmittel. Da Roggenmehl im Gegensatz zum Weizen über keinen eigenen Kleber verfügt, der sich mit der Hefe zu einem Gärprozess verbinden könnte, braucht es den schon gegorenen Sauerteig. Es wäre sonst nicht backfähig. Für Mischbrote gilt: Sobald genauso viel Roggen- wie Weizenmehl verwendet wird, ist Hefe nicht mehr ausreichend und Sauerteig muss zur Gärung eingesetzt werden. Vorteil: Er verleiht dem Brot einen kräftigeren Geschmack und verlängert dessen Haltbarkeit.

Hefeteig

Bei der Zubereitung von Hefeteigen gibt es zwei verschiedene Möglichkeiten: den der direkten und den der indirekten Teigführung. Bei der ersten Variante werden alle Zutaten direkt zu einem Teig verarbeitet. Bei der indirekten Teigführung hingegen wird erst ein sogenannter Vorteig angesetzt. Dazu einen Teil der Mehlmenge aus dem Rezept mit einem Teil Wasser sowie der gesamten Hefe verrühren. Auf keinen Fall sollte hier schon Salz beigefügt werden. Dann ist es wichtig, dass der Teig langsam treibt. Am besten unter einer Plastikfolie an einem warmen Ort. Durch eine lange Teigruhe wird weniger Hefe benötigt. Das verhindert den hefigen Geschmack, den das Brot sonst spätestens am zweiten Tag annimmt. Ein weiteres Plus: Das Brot wird schmackhafter, nicht so schnell trocken und bleibt somit länger frisch. Es ist empfehlenswert, immer mit einem Vorteig zu arbeiten. Er sollte mindestens ein paar Stunden vor dem Backen angesetzt werden, am besten jedoch schon einen Tag zuvor. Nach der Ruhephase werden dann die restlichen Zutaten dem Vorteig beigemengt.

Im Anschluss daran den Teig so lange kneten, bis er Blasen wirft und dann eine gute halbe Stunde abgedeckt an einem warmen Ort ruhen lassen. Anschließend nur noch drei oder viermal durchkneten, um den Gärprozess zu unterbrechen und die Luft aus dem Teig zu lassen. Jetzt kann das Brot geformt und gebacken werden.

Sauerteig

Einen Sauerteig anzusetzen ist ganz einfach, erfordert nur ein wenig Zeit und Geduld. 250 Gramm Roggenmehl werden mit ebenso viel Milliliter Wasser vermengt – der Teig sollte eine Konsistenz wie ein Pfannkuchenteig haben – und dann drei Tage an einem warmen Ort zugedeckt stehen gelassen werden. Dem Ansatz jeden Tag eine Handvoll Mehl und etwas Wasser hinzufügen und gut unter den Teig rühren. Am dritten Tag sollte er anfangen zu gären. Er wirft Blasen, an der Oberfläche hat sich Schaum gebildet und er entwickelt einen säuerlichen Geruch. Jetzt ist der Sauerteig backfertig.

Natürlich kann man auch einen fertig angesetzten Sauerteig kaufen, den man in jeder guten Bäckerei erhält.

Brot formen

Bei einem Brot mit Hefeteig kann das Brot einfach mit der Hand geformt werden. Es sollte mit einem scharfen Messer oben eingeritzt werden, damit die beim Backen entstehenden Gase entweichen können und das Brot nicht seitlich aufreißt.

Bei Vollkornbroten empfiehlt sich die Verwendung von sogenannten Brotkörben. Beim Wirken des Teiges sollte vom Rand zur Mitte gearbeitet werden, bevor das Brot in den eingemehlten Korb gelegt wird. Alternativ können die Körbe zuvor auch mit Ölsaaten oder Kleie ausgestreut werden. Vor dem Backen eine Viertelstunde ruhen lassen.

Brot backen

Brot wird mit langsam fallender Hitze gebacken und je nach Ofen ist unterschiedlich vorzugehen. Ein Holzbackofen muss befeuert werden, wozu sich nahezu jedes Holz eignet. Aber versuchen Sie einmal harzhaltiges Fichten- oder Tannenholz, das den Backwaren einen charakteristischen, aromatischen Geschmack verleiht. Den Ofen langsam auf 280 bis 320 °C erhitzen, auskehren, schließen und nach einer kurzen Ruhephase das Brot einschießen.

Ebenso ist bei einem Schamottofen vorzugehen, da er genau wie der Holzbackofen die gespeicherte Hitze nur langsam abgibt und zudem auch die Feuchtigkeit aufnimmt – Brot entströmt beim Backen sehr viel Dampf – und sie wieder den Backwaren zuführt.

Wird in einem haushaltsüblichen Elektroherd gebacken, sollte man auf jeden Fall eine feuerfeste Schale mit Wasser in den Herd stellen, damit dem Brot Feuchtigkeit zugeführt werden kann. Anders als Schamott- und Holzbackofen kann der Elektroherd die entweichenden Dämpfe nicht speichern und wieder abgeben. Das Brot im vorgeheizten Ofen bei 220 °C ungefähr eine Viertelstunde backen und dann auf 180 °C zurückschalten. Die Temperaturen sind Grundwerte und können je nach Rezept abweichen. Eine Faustregel besagt: Ein Kilo Brot backt ungefähr eine Stunde.

Geheimtipp:

Zum Schluss ein paar Tipps von Adelinde Häussler aus dem Backdorf in Heiligkreuztal: Geben Sie im Hochsommer einen kleinen Schuss Essig zum Teig, dann schimmelt das Brot nicht so schnell. Für den geschmacklichen Ausgleich einfach ein wenig Honig unterrühren, dann ist der Essig nicht zu schmecken. Und ersetzen Sie doch mal Wasser durch Buttermilch oder Molke oder verfeinern Sie Ihr Rezept durch schmackhafte Gewürze wie Kümmel oder Koriander oder knackige Körner wie Kürbiskerne, Sesam oder Sonnenblumenkerne.

Was dem Brot die Würze verleiht

Sternanis

Koriander

Mohn

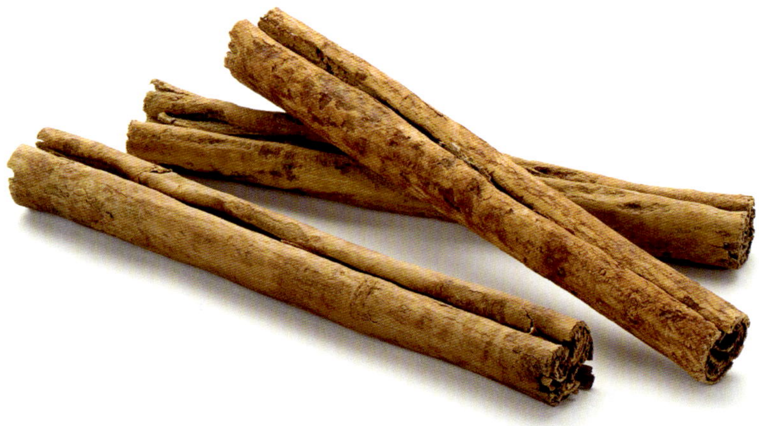
Zimt

Fenchel

Pfeffer, gemischt

Piment

Kümmel

Kardamom

Nelke

Kreuzkümmel

Muskat

Bäckerei Münkel / Burkardt

Die Spuren der Geschichte der Bäckerei Münkel / Burkardt im Odenwald reichen nicht ganz so weit zurück wie die des an Mudau-Schloßau angrenzenden Limes. Das Römerbrot und die Römerstangen im Sortiment der Bäckerei erinnern jedoch noch an den Grenzwall. Anfang des 20. Jahrhunderts wurde die Bäckerei Münkel gegründet und 1993 die alteingesessene Bäckerei Burkardt übernommen. Die Philosophie des Betriebes ist in den ganzen Jahren die gleiche geblieben und wird in dem familiär geführten Betrieb großgeschrieben: Gute Qualität hat Vorrang. Das stete Bestreben ist, den Kunden zu ihrer Zufriedenheit zur Verfügung zu stehen. Unabhängig davon, ob es sich um die Beschaffenheit des Brotes, die Qualität der eingesetzten Zutaten oder den Kundenservice handelt.

Ob Kunden gerne wiederkommen, entscheidet sich nicht nur anhand der Güte der Backwaren. Freundlichkeit und Kompetenz der Bäckerei-Fachverkäuferinnen sind ebenfalls gefordert. Kunden möchten Antworten auf Fragen wie: „Welches Brot hat die meisten Kohlenhydrate?" oder „Ist der Kuchen für Diabetiker geeignet?" Bei Münkel / Burkardt ist das eine Selbstverständlichkeit. Das Fachwissen wird in dem Familienbetrieb unter anderem dadurch erreicht, dass regelmäßig zwischen zwei bis drei Auszubildende in der Bäckerei ausgebildet werden, die im Anschluss an ihre Lehrzeit oft im Betrieb verbleiben. Nachwuchssorgen hat der Betrieb jedenfalls keine. Auch deshalb, weil im Betrieb das Mitspracherecht nicht nur theoretisch besteht, sondern auch praktiziert wird. Und so zum Beispiel der oft bei jungen Leuten nicht so beliebte frühe Arbeitsbeginn im Bäckerhandwerk auf ein erträgliches Maß in den frühen Morgen verlegt wurde.

Der Servicegedanke tritt noch in anderen Bereichen zutage. In der Umgebung des ländlichen Mudau-Schloßau besitzt nicht jede Ortschaft eine eigene Bäckerei. Diese Orte werden daher an verschiedenen Wochentagen mit einem Lieferwagen der Bäckerei mit frischen Backwaren versorgt. Das gesunde Schrotbrot, das rustikale Finnenbrot oder die knusprigen Haferbrötchen werden von den Kunden vorab bestellt und dann an festen Stellplätzen zu vereinbarten Zeiten abgeholt. Ein Service, der sehr geschätzt wird.

Fest verwurzelt in der Heimat, ist das Bodenständige die Grundlage des Erfolgs des Familienbetriebs Münkel / Burkardt, sind die Brote und Rezepte aus der Region. Deren guter Geschmack und Aroma sind auch den ausgezeichneten Backkünsten von Bäcker- und Konditormeister Siegfried Brenneis zu verdanken. Der Bäckermeister hat schon in zahlreichen Wettbewerben – wie zum Beispiel den Stollen-Zacharias, der vom Zentralverband des Deutschen Bäckerhandwerks ausgerichtet wird – den ersten Platz gewonnen.

Siegfried Brenneis
Bäcker-National-Team
Deutschland

Und trotz des Erfolgs besteht bei dem Familienbetrieb kein besonderes Interesse daran sich unbegrenzt zu vergrößern. Die drei Filialen in Mudau und Umgebung reichen aus. Es wird auf Kundentreue und gleichbleibende Qualität gesetzt.

Dies macht die Bäckerei und die Backwaren bei ihren Kunden glaubwürdig. Ob knuspriges Dinkelbrot, Bauernbrot oder Vollkornbrot, die verführerisch duftenden Backwaren werden täglich von Bäcker- und Konditormeister Siegfried Brenneis und seinen Mitarbeitern in der Backstube unmittelbar neben dem Laden frisch zubereitet. Und damit den Kunden genügend Abwechslung geboten wird, wurde der Brotkalender eingeführt. Neben einem täglichen Grundsortiment gibt es täglich wechselnde Spezialbrote: Montags das Euro-Brot, dienstags wird Fünfkornbrot gebacken, mittwochs das Finnenbrot angeboten, donnerstags … Und wenn besondere Ereignisse anstehen, wird gern etwas Neues ins Programm aufgenommen wie zum Beispiel bei der Fußball-Weltmeisterschaft. Da gab es dann zum Beispiel Halbzeitbrötchen oder ein Weltmeisterbrot. Für jedes neue Angebot, muss jedoch immer eine andere Brot- oder Brötchensorte aus dem Regal weichen. Klasse statt Masse – bei der Bäckerei Münkel / Burkhardt hat der Kunde das gute Gefühl, ein gut gebackenes Brot zu kaufen.

Kontakt:

Bäckerei Münkel / Burkardt

Neue Straße 31 | 69427 Mudau-Schloßau
Telefon 06284/358 | Telefax 06284/70 36

Zutaten für 3 Brote à 500 Gramm:

Für das Quellstück: 100 g Roggenflocken | 150 ml Wasser

Für den Teig: 250 g Quellstück | 200 g Sauerteig (vom Bäcker oder Reformhaus)
450 g Dinkelvollkornmehl | 150 g Dinkelmehl Type 630 | 100 g Roggenmehl Type 1150
20 g Hefe | 25 g Salz | 80 g Waldhonig | 450 ml Milch
Roggenschrot um den Teig darin zu wälzen

Römerbrot

Für das Quellstück die Roggenflocken mit Wasser gut verrühren und 2 Stunden stehen lassen.

Das Quellstück, den Sauerteig, Dinkelvollkornmehl, Dinkelmehl, Roggenmehl, Hefe, Salz, Waldhonig und Milch zu einem Teig verkneten. In der Küchenmaschine mit dem Knethaken den Teig 5 Minuten langsam und 2 Minuten schnell kneten. Wird der Teig von Hand geknetet, muss mit der doppelten Knetzeit gerechnet werden.

Nach dem Kneten den Dinkelteig circa 15 bis 20 Minuten, abgedeckt mit einem leichten Tuch, ruhen lassen. Nach der Teigruhe den Teig in 3 Stücke zu 560 Gramm abwiegen, rundwirken und den Schluss des Brotes in Roggenschrot wälzen. Die Seite mit dem Roggenschrot nach unten auf ein Tuch legen und ungefähr weitere 50 Minuten gehen lassen.

Anschließend das Brot mit dem Schluss nach oben auf ein mit Backpapier ausgelegtes Backblech legen und in den auf 240 °C vorgeheizten Backofen schieben. Auf den Boden des Backofens eine Tasse mit Wasser stellen, damit sich etwas Dampf im Backofen bildet. Nach 5 Minuten den Backofen auf 190 °C zurückstellen und das Brot in weiteren 45 bis 50 Minuten fertig backen.

Unse
Bäcker

Unser Bäcker Reinhold

Die Geschichte der Bäckerei Reinhold im kleinen Städtchen Wesenberg, inmitten der mecklenburgischen Wald- und Seenlandschaft, liefert genügend Stoff für einen spannenden Roman. Die Hauptrolle darin spielt der Bäckermeister Jörg Reinhold, geboren 1947 in Zschorlau im Erzgebirge.

Nach seiner Ausbildung im elterlichen Bäckereibetrieb zog es ihn hinaus in die Welt. Also ging er zur Deutschen Seereederei nach Rostock und fuhr mehrere Jahre als Konditor und Bäcker zur See. Auf der Völkerfreundschaft, einem Urlaubsschiff des FDGB, des Freien Deutschen Gewerkschaftsbunds der DDR, war er Chefkonditor. Während eines längeren Urlaubs 1975 besuchte er die Meisterschule in Dresden und legte schließlich die Meisterprüfung im Bäckerhandwerk ab. Eine Vorgehensweise, die charakteristisch ist für Jörg Reinhold. Zeit ist für ihn viel zu kostbar, um sie ungenutzt verstreichen zu lassen. Die Liebe gab ihm schließlich wieder festen Boden unter den Füßen, im wörtlichen Sinne. Er zog mit seiner Frau nach Anklam und arbeitete dort als Produktionsstättenleiter. Gleichzeitig absolvierte er ein Fernstudium im Fach Lebensmitteltechnologie. Für seinen Ehrgeiz und seinen Fleiß wurde er schon bald belohnt, denn der frischgebackene Ingenieur erhielt das Angebot, als Koch nach Libyen zu gehen. Einige Jahre später ging es weiter nach Kairo, als Küchenchef der DDR-Botschaft. Die Erfahrungen, die Jörg Reinhold in all diesen Jahren sammeln konnte, dienen noch heute als unerschöpfliche Inspirationsquelle für seine Arbeit.

Nach der Wende, am 3. Oktober 1990, befand sich der Bäckermeister auf der Fähre nach Hause. Zusammen mit seiner Frau suchte er nach einer neuen beruflichen Perspektive im geeinten Deutschland. Was lag näher, als sich endlich den Traum von der Selbstständigkeit zu erfüllen? Ein riskanter Schritt, denn mit nun 43 Jahren stand ein kompletter finanzieller Neustart bevor. Doch der Neubeginn war der Anfang eines höchst erfolgreichen Familienunternehmens mit derzeit sieben Filialen, drei Cafés und 43 Mitarbeitern.

Von Anfang an wollte Jörg Reinhold eigene Rezepturen schaffen, denn für ihn zeichnet sich ein guter Bäcker dadurch aus, dass er eigene, unverwechselbare Spezialitäten für seine Kunden entwickelt. So wurde der Woblitzfrosch ins Leben gerufen, ein Pfannkuchen (auch Krapfen genannt) mit grünem Kopf, roter Creme und zwei niedlichen Augen. Seinen Namen hat der Frosch, übrigens das Logo des Bäckereibetriebs, von der Woblitz, einem See bei Wesenberg.

Auch das Brotangebot hält viele Spezialitäten bereit, wie das Knäckebrot in fünf verschiedenen Sorten, mit jeweils sehr schmackhaften Körnermischungen. Zum vielfältigen Sortiment gehörte auch schon ein sauerteigloses Brot mit spezieller Molke. Die absoluten Lieblingsbrote der Mecklenburger sind jedoch das Roggenmischbrot und das Wesenberger Schwarzbrot, für das der Bäckermeister in der ganzen Region und darüber hinaus bekannt ist. Den Sauerteig hierfür zieht er selbst, denn eine bewusste Abgrenzung zur Industrie ist Teil der Unternehmensphilosophie. Um seinen Kunden einen besseren Überblick über die circa 20 von ihm angebotenen Brotsorten zu verschaffen, hat er sie übersichtlich in einem Brotkalender dargestellt. „In keinem Land der Welt gibt es so zahlreiche Brotsorten wie in Deutschland", sagt Reinhold und weiß genau, wovon er spricht.

Kontakt:

Unser Bäcker Reinhold GmbH
Inhaber: Jörg und Wilko Reinhold

Hohe Straße 20 | 17255 Wesenberg
Telefon 03 98 32 / 2 10 08 | Telefax 03 98 32 / 2 17 54
www.baecker-reinhold.de

Jörg Reinhold ist selbst absoluter Brotfan und findet es sehr schade, dass in den heutigen Familien nicht mehr selbst gebacken wird. „Den Kindern geht dadurch ein sehr altes Wissen verloren." Bei seinem eigenen Sohn Wilko ist dies glücklicherweise nicht der Fall. Der gelernte Konditor und studierte Diplomkaufmann arbeitet seit einigen Jahren im Betrieb und wird bald die Fortsetzung dieser spannenden Familiengeschichte schreiben.

Zutaten für 2 Brote:

Für den Sauerteig: 50 g Sauerteig als Starter (beim Bäcker erhältlich)
350 g Roggenvollkornmehl, fein | 300 ml Wasser

Für den Grundteig: Sauerteig | 660 g Roggenvollkornmehl, fein | 700 g Wasser (30 °C)
10 g Hefe | 22 g Salz | Optional: 1 Msp. gemahlener Kümmel oder Koriander, frischer Zwiebelsaft, Naturjoghurt

Schwarzbrot

Für den Sauerteig die Zutaten zusammenkneten, leicht mit Mehl bestäuben, mit einem Tuch abdecken und circa 18 Stunden bei einer Zimmertemperatur zwischen 20 °C und 22 °C stehen lassen.

Für den Grundteig alle Zutaten mit dem Sauerteig 10 Minuten kräftig weich kneten. Eventuell noch etwas Wasser zugeben. Den Teig zu einem Ballen formen, diesen leicht mit Mehl abstäuben, mit einem Tuch abdecken und 30 bis 45 Minuten ruhen lassen. Anschließend den Teig in 2 gleich große Stücke teilen, jeweils zu einer Rolle formen und in eine gefettete Kastenform legen. Wiederum mit einem Tuch abdecken. Die Teigoberfläche muss elastisch bleiben, daher gelegentlich leicht mit Wasser abpinseln. Die Ruhezeit beträgt, je nach Umgebungstemperatur, 40 bis 60 Minuten. Inzwischen den Ofen auf 240 °C vorheizen, ein Töpfchen Wasser hineinstellen, damit sich etwas Dampf entwickelt und die Oberfläche des Brotes elastisch bleibt. Nach 5 Minuten das Wassertöpfchen entfernen. Das Brot bei nunmehr 210 °C Ober- und Unterhitze circa 90 Minuten fertig backen.

Tipp:

Um eine kräftige Kruste zu erzielen, kann man das Brot auch 20 Minuten vor dem Ausbacken aus der Form nehmen und „frei" fertig backen.

Bäckerei-Konditorei Schlösser

Wie in vielen Handwerksbetrieben üblich, wird auch in der Bäckerei und Konditorei Schlösser Familientradition groß geschrieben: Mit Bäckermeister Wolfgang Schlösser, der 1992 das Unternehmen von seinen Eltern übernahm, wird der Betrieb im rheinländischen Bonn-Beuel in dritter Generation von einem Familienmitglied geführt. 1928 von Großvater Nikolaus Schlösser im Bonner Stadtteil Beuel an der Hermannstraße gegründet, ist die Bäckerei und Konditorei nicht nur bis heute unter derselben Adresse ansässig, auch die langjährige Tradition, viele Familienmitglieder in dem mittelständischen Unternehmen zu beschäftigen, wird von Wolfgang Schlösser fortgesetzt. So werden nicht nur die fachlichen Ratschläge und die kompetente Unterstützung der Eltern immer noch gerne in Anspruch genommen, auch die nachwachsende Generation steht schon in den Startlöchern: Mit Tochter Franziska, die ihre Ausbildung als Jahrgangsbeste im Innungsbereich Rhein-Sieg abschließen konnte, wartet die nächste Generation bereits auf ihren Einsatz im Hauptgeschäft sowie den fünf Filialgeschäften in der Umgebung.

Hauptsächlich als Brot- und Brötchenbäcker versteht sich Bäckermeister Wolfgang Schlösser, in dessen Betrieb jeder Teig komplett selbst gemischt wird. Der Anteil an Roggenmehl ist bei ihm besonders hoch, ebenso wie die Nachfrage nach Körnerbroten. Fertige Backmischungen kommen dem leidenschaftlichen Bäcker nicht in die Backstube, wo mit ihm insgesamt vier Personen beschäftigt sind. Weitere etwa 30 Mitarbeiter beschäftigt der gebürtige Beueler im Verkauf. Neben Feingebäck wie Mandelhörnchen oder Nougatringen, Torten aus der hauseigenen Konditorei, Plätzchen – im Advent gibt es typisches Weihnachtsgebäck wie selbst gemachte Printen und Spritzkuchen –, Knäckebrot und Snacks liegt sein Hauptaugenmerk jedoch auf den vielen verschiedenen Brotsorten, für die seine Bäckerei bekannt ist. Kein Wunder, bietet die Bäckerei Schlösser ihren Kunden neben etwa 80 Brotsorten, die das ständige Sortiment bilden, über das Jahr verteilt sage und schreibe zwischen 200 und 300 verschiedene Brotsorten an. Viele davon gibt es nur für kurze Zeit, hat sich Bäckermeister Schlösser doch auf Saison- und Anlassrezepte spezialisiert. Salzarme Fastenbrote gibt es speziell in der Fastenzeit und verrückte Karnevalsbrote dürfen in der jecken fünften Jahreszeit, für die das Rheinland berühmt-berüchtigt ist, auf keinen Fall fehlen. Im Advent gibt es Brote mit weihnachtlichen Gewürzzutaten, im Sommer leckere Ferienbrote. Die Ideen scheinen dem kreativen Bäcker jedenfalls nie auszugehen. Auch seiner engen Verbundenheit mit dem Stadtteil, in dem sein Betrieb seit über 90 Jahren ansässig ist, verleiht der mehrfache Familienvater mittels einer extra kreierten Brotsorte

Der Schlüssel
Schlösser
BÄCKEREI · KONDITOREI
zum guten Geschmack

Ausdruck. Das in unmittelbarer Nachbarschaft gelegene Jugendheim der St. Josef-Gemeinde, das nach der Streichung von finanziellen Mitteln Probleme beim Angebot von Kinder- und Jugendaktivitäten hat, unterstützt der engagierte Bäckermeister mit dem Verkauf des sogenannten St. Josefsbrots. Von jedem verkauften Brot fließen 15 Cent direkt in die Kasse des Jugendheims. Ähnlich verhält es sich mit dem Glockenbrot, mit dem die Bäckerei und Konditorei Schlösser gemeinsam mit ihren Kunden die Instandsetzung des historischen Glockenspiels in der St. Josefskirche unterstützt. „Auf diese Weise ist es uns gelungen, Ende letzten Jahres einen vierstelligen Betrag an die Gemeinde zu überweisen“, berichtet Wolfgang Schlösser. Er hat beobachtet, dass viele Kunden auf diese Weise gerne bereit seien, Projekte zu unterstützen.

Neben dem ungewöhnlich hohen Kreativitätsgrad bei den Brotsorten wird die Bäckerei und Konditorei Schlösser von ihren vielen Stammkunden vor allem für die außerordentliche geschmackliche Qualität der Backwaren geschätzt. Eine lange Teigführung und der geringe Einsatz von Hefe sorgen für hohen Genuss. „Lieber etwas kleiner, dafür aber umso herzhafter“ lautet denn auch Bäckermeister Schlössers Motto – bei den Malzbrötchen ebenso wie bei seinem Rheinländer Brot.

Kontakt:

Bäckerei-Konditorei Schlösser
Inhaber: Wolfgang Schlösser

Hermannstraße 32–34 | 53225 Bonn
Telefon 02 28 / 46 17 04 | Telefax 02 28 / 47 57 83

Zutaten:

50 g Kartoffelflocken | 160 g Weizenmehl Type 550 | 80 g Roggenmehl Type 1370
70 g Schwarzbrotteig (vom Bäcker) | 70 g Sauerteig – Grundsauer (vom Bäcker)
10 g frische Hefe | 100 ml Kölsch | 120 ml Wasser | 1 EL Rübenkraut | 10 g Salz
Paniermehl um den Teig vor dem Backen darin zu wälzen

Rheinländer Brot

Alle Zutaten werden in einer Rührschüssel miteinander vermischt und etwa 3 Minuten lang langsam, dann etwa 6 Minuten schnell verknetet. Der Teig sollte nicht zu weich geführt werden, sondern eher kompakt und fest sein. Erscheint der Teig zu weich, kann gegebenenfalls etwas mehr Mehl untergeknetet werden. Anschließend mit einem Tuch zudecken und 45 Minuten lang ruhen lassen. Nach der Teigruhe wird ein länglicher Brotlaib geformt, in Paniermehl gewälzt und vor dem Backen in der Mitte der Länge nach eingeschnitten.

Bei etwa 250 °C 45 Minuten backen.

Wissenswert:

Wie der Name schon sagt, ist das Rheinländer Brot typisch für die Region um Köln und Bonn. Nicht zuletzt die Zugabe des obergärigen Biers (Kölsch) macht den herzhaften Geschmack unverwechselbar.

Scholderbeck

Bei einem Spaziergang im Sommer in der Umgebung von Weilheim kann man Emmer, Dinkel und Weizen auf biologischen Getreidefeldern wachsen sehen, die Hauptzutaten der Backwaren für die Bäckerei Scholderbeck. Artenvielfalt, kurze Transportwege und der Erhalt der Landwirtschaft: Die Inhaber der Bäckerei, Bernd und Eve Sigel, legen großen Wert darauf, dass die Rohstoffe für ihre Brote und Brötchen in Sichtweite der Burg Teck angebaut werden. Sie werden dabei auch selbst aktiv wie zum Beispiel bei der Sonnenblumenoffensive, die sie mit einigen anderen Biobäckern initiierten. Die Sonnenblumenkerne der Sonnenkruste, ein überaus beliebtes Brot bei den Kunden der Bäckerei, werden mittlerweile wieder in kontrollierter Bioland-Qualität regional in Süddeutschland angebaut und nicht mehr aus China oder Argentinien importiert.

Den Sigels ist wichtig, dass der biologische Nutzen der ökologischen Landwirtschaft in der Region belassen wird, denn nur so kommt er unmittelbar an ihre Kunden zurück. Auch wenn das bedeutet, dass die Anschaffungskosten der Rohstoffe für das Brot höher sind, denn die Herstellung von Biomehl aus Biogetreide bedeutet zum Beispiel, dass weniger Ertrag im Vergleich zum herkömmlichen konventionellen Anbau erhalten wird. Auch die Getreidequalität ist eine andere, ist stärkeren Schwankungen unterworfen. Um hier dem Kunden gleichbleibende Qualität des Backwerks bieten zu können, ist das ganze handwerkliche Können von Bernd Sigel und seinen Bäckermeistern gefragt. Dieser Herausforderung stellen sie sich jedoch gern und Eve Sigel merkt diesbezüglich an: „Wir machen dies alles nicht nur aus selbstlosen Gründen. Das Biogetreide aus der Region gibt uns in der Bäckerei Sicherheit bezüglich der Qualität unserer Produkte. Wir, wie auch die Kunden, kennen das zugehörige Gesicht, welches unser Getreide anbaut." Dass sich das Konzept und das damit verbundene Vertrauen langfristig positiv in der Bilanz niederschlagen, dürfte dabei nicht ungelegen kommen. Die Fachgeschäfte der Bäckerei sind inzwischen weit über Weilheim an der Teck und Umgebung für ihre ausgezeichneten Bioland- und Demeter-Produkte bekannt.

Dies stand aber eindeutig nicht im Vordergrund, als Bäckermeister Bernd Sigel sich vor Jahren auf die biologische Bäckerei spezialisierte. Auslöser für die Umstellung war vielmehr, dass Eve Sigel an Neurodermitis und Nahrungsmittelallergien erkrankte, unter anderem vertrug sie keinen Weizen mehr. Da entwickelte Bernd Sigel zunächst auf privater Ebene Rezepte für sortenreine Fermentbrote ohne Weizen. Emmer, Kamut oder Einkorn waren die alternativen Getreidesorten. Dies war jedoch nicht nur aus gesundheitlichen Aspekten interessant, wie der Bäckermeister bald feststellte. Bei diesen Broten konnte man den puren Geschmack der einzelnen Getreidesorten viel besser als bei Mischbroten herausschmecken. Das sortenreine Brotangebot übernahm Bernd Sigel daher bald in die Angebotsstruktur für seine Fachgeschäfte.

Anfangs wurde sein Treiben in der ökologischen Nische von den Kollegen der Bäckerinnung eher belächelt. Der Bäckermeister musste sich mehr als einmal anhören, dass seine Vorgehensweise auf Dauer nicht von Erfolg gekrönt sein würde. Aber die Zeit zeigte, dass ökologisches Handeln keineswegs ökonomischen Erfolg ausschließt. Aus dem einen Bäckereigeschäft, das Bernd Sigel von seinem Vater übernommen hatte, wurde ein Betrieb mit vielen Fachgeschäften, zahlreiche Verkaufsstellen in Reform- und Naturkosthäusern beliefert er zudem täglich. Drei Backstuben sorgen inzwischen für den regelmäßigen Nachschub: eine Holzofenbäckerei für Demeter-Produkte, eine Weißmehlbackstube und eine Vollkornbackstube für Bioland-Brote und -brötchen. Die Stammkunden, deren Zahl ständig am Wachsen ist, wählen gern aus dem breit gefächerten Angebot. Und selbst im Italienurlaub muss man inzwischen nicht mehr auf das Brot von Scholderbeck verzichten. Frisches Dosenbrot ist hier die Lösung. Bernd Sigel bäckt seit einiger Zeit Brot direkt in einer verschlossenen Dose. Aroma und Feuchtigkeit bleiben erhalten und man kann es hervorragend transportieren.

Kontakt:

Scholderbeck GmbH & Co. KG
Inhaber: Bernd & Eve Sigel

Scholderplatz 8 | 73235 Weilheim an der Teck
Telefon 0 70 23 / 67 38 | Telefax 0 70 23 / 90 80 38
www.scholderbeck.de

Zutaten:

530 g Dinkelvollkornschrot | 60 g Roggenvollkornsauerteig | 380 ml Wasser
12 g Hefe | 12 g Salz | 100 g Sonnenblumenkerne

Sonnenkruste

Dinkelvollkornschrot, Sauerteig, Wasser, Hefe und Salz zu einem geschmeidigen Teig kneten. Abgedeckt in einer Schüssel 30 Minuten auf mindestens die doppelte Größe gehen lassen.

Anschließend den Teig durchkneten, zu einem runden Laib formen, in den Sonnenblumenkernen wälzen und am besten in eine runde Kapsel geben. Abgedeckt nochmals 30 Minuten liegen lassen.

Auf den Backofenboden eine Fettpfanne oder ein Backblech stellen. Backofen auf 230 °C vorheizen. Die Kapsel mit dem Brotteig auf den Rost (mittlere Backofenschiene) setzen. Eine Tasse Wasser in die Fettpfanne gießen und den Backofen sofort schließen. Nach 10 Minuten die Temperatur auf 200 °C reduzieren – Backofen 30 Sekunden öffnen und das Brot circa weitere 50 Minuten backen.

Bäckerei Schroeder

Es ist Samstagmorgen. 10:30 Uhr. Auf dem Bürgersteig vor der kleinen Bäckerei in der Fiegenstraße 50 hat sich eine Warteschlange von beachtlicher Länge gebildet. Dabei zieht es nicht allein die Anwohner des Bremer Stadtteils Walle in das einzige Ladengeschäft der schmalen Straße. Die Bäckerei Schroeder ist heute Vormittag auch für Bremer aus anderen Vierteln Objekt der Begierde. Dass darüber hinaus Nicht-Hanseaten einen Teil der Wartenden ausmachen, verraten die fremden Autokennzeichen. „Endlich haben wir Sie gefunden!", hören Inhaber Dennis Otten und die Verkäuferinnen regelmäßig von begeisterten Kunden, die für die handgefertigten Brote, Brötchen und Kuchen mitunter lange Wege auf sich nehmen.

Weit über die Stadtgrenzen hinaus hat sich der Traditionsbäcker, der zudem bekannte Bremer Feinkostgeschäfte und Restaurants beliefert, einen Namen gemacht. Dabei gilt der 1938 gegründete Meisterbetrieb immer noch als gefragter Geheimtipp. Was aber macht das von außen eher unscheinbare, kleine Geschäft so attraktiv? „Der Geschmack!", bringt es Bäckereiverkäuferin Stephanie Evertz kurz und knackig auf den Punkt. „Unsere frischen Produkte werden mit besten Zutaten in reiner Handarbeit und sehr langen Teigführungen gebacken." Hier werde alles noch von Hand und nicht mit der Maschine geformt: angefangen vom rustikalen Münsterländer über das feine Ciabatta bis hin zu jedem einzelnen Brötchen. Ganz klar: „Den Unterschied schmeckt man", sind sich Angestellte wie Kunden einig.

Viele traditionelle Rezepte, die noch vom Gründer Johan Schroeder überliefert sind, haben sich über die langen Jahre bewährt. Dazu gehören zum Beispiel der mit Marzipan gefüllte Mandelkranz aus Blätterteig oder auch eben besagtes Münsterländer Brot mit einem sehr hohen Roggenanteil, das zu den größten Verkaufsschlagern zählt. Auch von dessen Sohn Bernhard Schroeder, der im Juni 2009 sehr plötzlich verstorben ist, gibt es viele Eigenkreationen. „Zu einem regelrechten Kult mit großem Bekanntheitsfaktor wurden seine unnachahmlichen Schwarzbrotschweine", erzählt Stephanie Evertz. Häufig habe Schroeder zudem mit viel Experimentierfreude Kundenwünsche umgesetzt. Sein Ciabatta, das erste seiner Art in der Hansestadt, entstand beispielsweise Mitte der 1980er-Jahre auf Anfrage eines bekannten Bremer Feinkosthändlers. Zurück aus dem Italienurlaub bat dieser seinen Hausbäcker, es anhand eines Fotos nachzubacken. Der Versuch glückte. Bis heute wird Schroeders feines Weißbrot sogar in den edlen Restaurants der Stadt serviert. Und natürlich bekommt man das Ciabatta auch ofenfrisch und herrlich duftend direkt in der Bäckerei, die nun von Dennis Otten geleitet wird.

Dennis Otten
Chief Baker.

Mit nicht minder großer Liebe und Leidenschaft zum Handwerk, viel Sensibilität und der gewissen Portion Kreativität führt der neue Inhaber und Sohn eines Bäckermeisters den Traditionsbetrieb ganz im Sinne von Bernhard Schroeder fort. Ein großes Erbe hat ihm der Bäcker „mit Leib und Seele" da hinterlassen: Die Popularität mit Kultfaktor verdankt das Geschäft Schroeder, der es trotz wachsendem Erfolg immer vorgezogen hat, nicht zu expandieren. „Genau das macht ja den Erfolg aus!", bekräftigt Bäckermeister Otten, der bereits auf langjährige und anspruchsvolle Backerfahrungen in Dubai und auf Kreuzfahrtschiffen zurückgreifen kann: „Jede Vergrößerung würde nur zu Lasten der Qualität gehen."

Und an der habe es nie gelitten. Das bestätigte unter anderem auch die Zeitschrift Der Feinschmecker, die die Bäckerei Schroeder 2005 als Bremens beste Bäckerei auszeichnete.

So stolz man auch auf Prämierungen ist, seien doch die Kunden stets die besten Prüfer, wenn es um den guten Geschmack der Backwaren geht, ist sich Dennis Otten sicher. Seine Kunden sind gute Kritiker: Das beweisen nicht zuletzt die langen Warteschlangen vor der kleinen Bäckerei in der Fiegenstraße 50.

Kontakt:

Bäckerei Schroeder
Inhaber: Dennis Otten

Fiegenstraße 50 | 28219 Bremen
Telefon 04 21 / 38 54 81 | Telefax 04 21 / 39 54 50

Zutaten:

195 g Weizenmehl Type 1050 | 195 g Weizenmehl Type 812 | 140 g Roggenmehl Type 997 | 15 g Salz | 20 g frische Hefe | 420 ml Wasser | 20 g Roggensauerteig (z. B. vom Bäcker)

Zum Bestäuben: Roggenmehl

Französisches Landbrot

Das Mehl mit dem Salz und der Hefe vermischen, dann das Wasser (25 °C) sowie den Sauerteig hinzugeben. Mit einer kleinen Maschine die Masse erst langsam mischen, danach so lange kneten, bis eine leichte Bindung entsteht. Den Teig circa 45 Minuten abgedeckt ruhen lassen. Nun rund aufarbeiten, auf ein mit Backpapier belegtes Backblech legen und ein wenig flach drücken. Für 15 bis 25 Minuten sollte das Brot bei Raumtemperatur gehen.

Den Ofen auf circa 250 °C vorheizen und ein Blech mit etwas Wasser in die unterste Stufe des Backofens schieben. Durch den entstehenden Wasserdampf wird das Brot elastisch und erhält mehr Volumen. Kurz vor dem Backen das Brot mit Roggenmehl bestäuben und mit einem kleinen Messer ein Kreuz von etwa 0,5 Zentimeter Tiefe einschneiden. Das Brot in den vorgeheizten Ofen schieben und die Temperatur auf circa 200 °C herunterdrehen. Je nach Geschmack und Farbe nach 45 bis 60 Minuten aus dem Ofen nehmen und auf einem Gitter auskühlen lassen.

Tipp:

Das Brot schmeckt hervorragend zu Käse und Wein, dazu sollte die Kruste aber ein wenig stärker gebräunt (etwa eine Stunde Backzeit) sein.

Backöfen im Wandel der Zeit

Eine der Voraussetzungen für das Backen eines Brotes ist ein geschlossener Raum, dem Hitze zugeführt wird: ein Backofen. Brotbacköfen unterscheiden sich von den normalen Küchenherden durch ihre Fähigkeit, die Hitze besser zu speichern. Nur durch die lang anhaltende Anfangshitze kann ein Brot seine knusprige Kruste bilden. Voraussetzung für eine lockere, saftige Krume.

Die ersten bekannten „Öfen" waren schlichte tönerne Gefäße, die direkt ins Feuer gelegt oder über den Fladen gestülpt wurden, um die Hitze zu halten. Aus der Jungsteinzeit sind längliche Öfen aus Weidenrutengeflecht belegt, die mit Lehm verschmiert waren und sich von außen schließen ließen. Im alten Ägypten entwickelten sich zylindrische Öfen, an deren Innenseite Brote gebacken wurden. Die Backöfen der Römer hingegen zeichneten sich durch ein gewölbtes Mauerwerk aus.

Allen drei Varianten der verschiedenen Zeiten und Kulturen ist die direkte Art der Befeuerung gemeinsam. Die Feuerstelle war immer zugleich der Backraum. Holz wurde auf der Steinfläche verbrannt, die Asche entfernt und nachdem die Fläche befeuchtet worden war, wurde das Brot auf diesen heißen Stein eingeschossen und in der gespeicherten Wärme des Ofens gebacken. Es konnte maximal so viel gebacken werden, dass der Backraum einmal ausgefüllt war. Für weitere Backwaren, die die identische Temperatur benötigten, war eine erneute Feuerung vonnöten.

Lange Zeit war der direkt gefeuerte Ofen der einzige, den es sowohl im Haushalt als auch im Gewerbe gab. Erst die Erfindung des modernen Dampfbackofens 1839 trennte Backraum und Feuerung räumlich voneinander. Das Backen wurde nicht nur hygienischer, sondern auch effektiver. Der Backvorgang musste nicht mehr durch die mühselige und zeitaufwendige Arbeit der Feuerung unterbrochen werden. Wasser wurde mit Kohle erhitzt, dieser Wasserdampf wurde durch geschlossene Rohre, die den Backraum umgaben, geleitet und so wurde dem Ofen durch Zirkulation von heißem Wasser Hitze zugeführt.

Die ersten indirekt gefeuerten Öfen waren gemauert und es gab sie als Einschießöfen oder mit einer ausziehbaren Backfläche. Fast 100 Jahre später, so um 1930, wurden sie in Stahl gebaut. Inhaber dieser Öfen nannten ihre Läden stolz Dampfbäckereien, um auf die Qualität und Reinheit ihrer Ware hinzuweisen.

Nach dem Zweiten Weltkrieg löste die Innovation der Umwälzheizung die Dampfbacköfen ab. Durch ein Gebläse wurde heiße Luft in den Backraum gespült. Eine Technik, die energiesparend war und hauptsächlich in den Etagenbacköfen der großen Bäckereien zum Einsatz kam.

Die industrielle Herstellung von Brot ermöglichten erst die sogenannten Netzbandöfen. Hier durchwandern Unmengen von Broten verschiedene Backzonen auf laufenden Bändern, den Netzbändern, die Namensgeber für die Öfen sind.

In nur wenig mehr als 150 Jahren haben moderne Techniken jahrtausendealte Traditionen nahezu verdrängt. Aber mit Besinnung auf ursprüngliches und ökologisches Backen wird der Holzbackofen wieder entdeckt und erlebt im privaten Rahmen und bei kleinen Betrieben seine Renaissance.

Ihr Bäcker Schüren

Zwischen Düsseldorf und dem Bergischen Land, ausgerechnet in einer der dichtest besiedelten Regionen Deutschlands, ist eine Bäckerei ansässig, die zu den ersten voll zertifizierten SlowBaking-Mitgliedern Deutschlands zählt: 1905 im wenige Kilometer entfernten Haan gegründet, verpflichtet sich Ihr Bäcker Schüren seit inzwischen vier Generationen und seit 1994 in Hilden bester handwerklicher Qualität. Lange bevor Bioprodukte zum flächendeckenden Modethema wurden, begann man 1979 damit, das Getreide für die hauseigenen Vollwertbackwaren selbst zu mahlen. Die vielfältigen

Bio- und Bio-Vollwert-Produkte, die Ihr Bäcker Schüren heute im Sortiment hat, sind nicht zuletzt das Ergebnis der Arbeit von Christel Schüren, der Mutter des heutigen Inhabers Roland Schüren, die sich bereits früh für gesunde und vollwertige Ernährung interessierte. Überhaupt werden Themen wie Umweltverantwortung, Gesundheit und Fair Trade bei der Hildener Filialbäckerei großgeschrieben. So ist das Prinzip „Global denken, lokal handeln" hier kein bloßes Lippenbekenntnis, sondern gelebte Realität. Wenn möglich, wird mit lokalen Partnern und Lieferanten zusammengearbeitet, beispielsweise das Getreide für das Vollwert-Backprogramm von Biolandwirten aus der Umgebung bezogen. Das gesamte Vollwert-Backprogramm, das inzwischen mehr als die Hälfte des Gesamtsortiments ausmacht, und Teile des Klassik-Backprogramms sind nach Biorichtlinien kontrolliert und zertifiziert. Und als erste Filialbäckerei in Deutschland bietet Ihr Bäcker Schüren seit 2006 in seinen Cafés und Stehcafés ausschließlich fair gehandelten Kaffee in Bioqualität an.

„Um keine Kompromisse bei der Qualität machen zu müssen, haben wir uns zwei Grundprinzipien auferlegt", so Betriebswirt und Bäckermeister Roland Schüren, der das Hildener Unternehmen seit 1998 leitet. „Erstens werden nur natürliche Rohstoffe hoher Qualität verwendet – Fertigmischungen und vorproduzierte Produkte sind absolut tabu. Und zweitens werden bei uns alle Backwaren in Handarbeit hergestellt." Insgesamt 160 Mitarbeiter zählt das über 100 Jahre alte Familienunternehmen, bei dem alleine 28 Bäcker bis heute jedes Brot von Hand fertigen: Vom Abwiegen der Teigstücke mit der Handwaage über das Rundwirken und Formen. Gemäß dem SlowBaking-Prinzip wird sich dabei viel Zeit genommen, damit die Backwaren ihren optimalen Geschmack entfalten können. Denn SlowBaking heißt nicht etwa langsam backen, sondern backen mit Zeit für Geschmack. „Wir sind Brotfans. Wir backen nicht nach Optik, sondern nach Geschmack", sagt Roland Schüren, dessen Steckenpferd es ist, neue

Brot- und Brötchenrezepte zu entwickeln. Eingeteilt in die drei Produktlinien Bio-Vollwert-, Bio-Klassik- und Klassik-Backwaren hat sein Unternehmen insgesamt 58 Brot- und 24 Brötchensorten im Sortiment, mit dem 14 Filialen im Kreis Mettmann, Düsseldorf, Wuppertal und Solingen täglich mehrmals beliefert werden. Damit die Kunden leicht erkennen können, welches Produkt zu welcher Produktlinie gehört, sind die Preisschilder an den Brotregalen und in den Theken farblich gekennzeichnet.

Auch das Thema Umweltverantwortung ist ein wichtiges Anliegen der Hildener Bäckerei. So wird beispielsweise der neue Ofenbrenner anstelle von Gas mit Biomasse betrieben. Und beim Ausbau der Kältefläche ist dem Unternehmen ein regelrechtes Wunder gelungen: Trotz 100-prozentiger Erweiterung wird hier dank innovativer Technik in Zukunft sogar Energie eingespart. Da wundert es wenig, dass die Brote, Brötchen, Stollen und alle anderen gesunden Köstlichkeiten von Ihr Bäcker Schüren auch umweltfreundlich geliefert werden: Mit sechs Erdgasfahrzeugen ist inzwischen über die Hälfte der Schürenflotte ökologisch ausgerichtet – eine Tatsache, die dem BUND des Kreises Mettmann die Verleihung des Umweltpreises wert war.

Kontakt:

Ihr Bäcker Schüren
Inhaber: Roland Schüren

Mühlenbachweg 9 | 40724 Hilden
Telefon 0 21 03 / 20 17-0 | Telefax 0 21 03 / 20 17-20
www.ihr-baecker-schueren.de

Zutaten für 2 Brote à 600 Gramm:

Für das Quellstück: 10 g Biohanfkörner, geschält | 20 g Biosonnenblumenkerne
5 g Maisgrieß | 10 g Biosesam | 5 g Bioleinsaat | 25 ml Wasser
Für das Hefestück: 165 g Biovollkornweizenmehl, fein gemahlen | 4 g frische Hefe
140 ml Wasser, lauwarm
Für den Hauptteig: 80 g reifer Biovollkornsauerteig (beim Bäcker vorbestellen)
325 g Biovollkornweizenmehl | 15 g Meersalz | 10 g frische Hefe | 26 g Biobutter
230 ml Wasser, lauwarm | 140 g Biomöhren | Biomohn und Biosesam für die Kruste

Bio-Vollwert-Mohnmöhrenbrot

Zutaten für das Quellstück vermischen und circa 3 Stunden einweichen. Für das Hefestück alle Zutaten vermischen und circa 2,5 Stunden abgedeckt ruhen lassen. Dann die für den Hauptteig vorgesehenen Zutaten ohne den Sauerteig vermischen. Anschließend den Hauptteig, das Quell- und das Hefestück sowie den Sauerteig zuerst langsam vermengen, dann intensiv kneten – der Profibäcker knetet den Teig in seiner Knetmaschine 6 Minuten auf niedriger, dann 4 auf höchster Stufe. Zum Schluss die Möhren raspeln und unterheben und den Teig etwa 30 Minuten zugedeckt ruhen lassen. Zwei Brote formen, sie sollten stramm und gleichmäßig rund gewirkt werden. Oberflächen anfeuchten, in einer Mischung aus Mohn- und Sesamsaat wälzen und zugedeckt noch einmal etwa 1 Stunde ruhen lassen. Vor dem Backen die Brote über Kreuz einschneiden und mittelstark befeuchten. Anbacktemperatur: 280 °C (für hohe Luftfeuchtigkeit sorgen), nach 5 Minuten die Backofentür kurz öffnen und den Wasserdampf entweichen lassen. Nach 15 Minuten die Backtemperatur auf 200 °C verringern und die Brote fertig backen. Die Gesamtbackzeit beträgt 40 Minuten.

Schwälmer Brotladen / Bäckerei Viehmeier

Kaum biegt man in den Treysaer Weg ein, erfüllt der Duft nach frisch gebackenem Brot die Luft. „Wir verbacken die Natur" steht auf dem Plakat, das den Hauptsitz der Gilserberger Bäckerei Viehmeier schmückt. „100 Jahre Liebe zum Brot" auf einem anderen. Dass es sich hier um wahre Bekenntnisse handelt und nicht um leere Versprechungen, wird beim Gespräch mit dem Bäcker- und Konditormeister Jürgen Viehmeier ebenso schnell deutlich wie bei einem genaueren Blick in die Unternehmensbroschüre, die zum 100-jährigen Firmenjubiläum im Jahr 2007 entstand. Die Bäckerei Viehmeier, auch bekannt unter dem Namen Schwälmer Brotladen, wird heute von Jürgen und Gabi-Katharina in vierter Generation geführt. Traditionelle Rezepturen einerseits und die beinahe ausschließliche Verwendung regionaler Rohstoffe andererseits sichern die gleichbleibend gute Qualität des Handwerksbetriebs, der zu den 70 größten Bäckereien Deutschlands zählt. „Bei uns wird über die regionale Ausrichtung und Vernetzung nicht nur geredet, bei uns wird sie regelrecht gelebt", versichert Jürgen Viehmeier und verweist auf die Zertifizierung seines Unternehmens mit der Hessenmarke, dem Gütesiegel für geprüfte Qualität des hessischen Landwirtschaftsministeriums. Als nur einer von sieben hessischen Bäckerbetrieben erfüllt seine Bäckerei die strengen Bedingungen, die an das Siegel geknüpft sind. So kooperiert der Schwälmer Brotladen mit zertifizierten Bauern und Müllern. Doch das reicht dem Firmenchef noch lange nicht: „Wir beziehen nicht nur Getreide und Mehl aus der unmittelbaren Umgebung, auch Eier, Sahne, Kartoffeln und Erdbeeren kommen von Lieferanten aus der Region. Der Zucker stammt zwar nicht aus Hessen, aber immerhin ausschließlich aus Deutschland", so Viehmeier, dessen Brotsortiment zu 95 Prozent aus Produkten besteht, die unter Berücksichtigung des Qualitätssiegels gebacken werden. Da versteht es sich von selbst, dass in der Backstube Fertigmehlmischungen oder Aromaverstärker keinerlei Verwendung finden. Vielmehr wird ausschließlich betriebseigener Natursauerteig verwendet und großer Wert auf lange Teigführungen zur natürlichen Geschmacksbildung gelegt.

Zum Filialnetz des Schwälmer Brotladens, das sich im Umkreis von etwa 80 Kilometern um Gilserberg von Kassel im Norden über Wetzlar und Marburg bis nach Gießen und Nidda im Süden erstreckt, gehören derzeit 71 Verkaufsstellen. Viele von ihnen sind mit Cafés ausgestattet, deren gemütliches Ambiente zur Frühstücks- oder Kaffeepause einlädt. Neben einem Sortiment von etwa 30 Brot- und Brötchensorten, die hier täglich frisch angeboten werden – darunter auch ein nach traditionellem Rezept gebackenes Holzofenbrot –, pflegen Viehmeiers eine Leidenschaft für das feine Konditoreihandwerk. Mit erlesenen Köstlichkeiten wie Pralinen, Sahnestücken oder aufwendig gestalteten Motivtorten bieten sie in zahlreichen ihrer Filialgeschäfte ein ungewöhnlich breites Sortiment an Produkten aus der Feinbäckerei an. „Unsere Stammkunden schätzen den hohen Anteil an Konditoreiprodukten", erklärt der Inhaber sein Erfolgskonzept. Wegen der ausgezeichneten Auswahl und der Fachkompetenz der Mitarbeiter kann er seine Verkaufsstellen guten Gewissens als regelrechte Fachgeschäfte bezeichnen. „Kunden, die dennoch nicht fündig werden, sind herzlich willkommen, uns mit ihren Sonderwünschen zu beauftragen", fügt er hinzu.

Von seiner Urgroßmutter Trinchen im Jahr 1907 gegründet, ist es heute Jürgen Viehmeiers Frau Gabi-Katharina, die für viele organisatorische Aufgaben zuständig ist. Er selbst kümmert sich neben den Finanzen auch um die Produktentwicklung. Großen Wert legt der Inhaber darauf, dass sein Unternehmen trotz der inzwischen erreichten Größe als flexibles Familienunternehmen geführt wird, bei dem die Menschen stets im Mittelpunkt stehen. Unter anderem gehört es bis heute zur Philosophie des Backbetriebs, dass viele Arbeitsschritte aus Qualitätsgründen immer noch in Handarbeit erledigt werden. Maschinen werden ausschließlich da eingesetzt, wo sie die Arbeit erleichtern. „Wir sind kein Lifestyle-Unternehmen, sondern ein traditioneller Handwerksbetrieb“, betont er. „Aus 100-jähriger Liebe zum Brot und aus Leidenschaft für den Beruf“ bietet der Schwälmer Brotladen deshalb qualitätsvolle und ehrliche Backwaren an.

Kontakt:

Schwälmer Brotladen / Bäckerei Viehmeier
Inhaber: Jürgen Viehmeier

Treysaer Weg 6a | 34630 Gilserberg
Telefon 0 66 96 / 14 53 | Telefax 0 66 96 / 96 18 31
www.schwaelmer-brotladen.de

Zutaten für 2 bis 3 Brote, je nach gewünschter Größe:

500 g Weizenmehl | 225 g Weizengrieß | 15 g Jodsalz | 1 g Hefe | 10 ml Olivenöl, extra vergine | 480 – 500 ml Wasser | 6 g Malzbackmittel

Ciabatta

Alle Zutaten mischen und zu einem sehr weichen Teig verarbeiten. Dabei etwa 2/3 des Wassers sofort beimischen, den Rest erst nach und nach beim intensiven Kneten zugeben. In geölten Schüsseln an einem etwa 15 bis 18 Grad kühlen Ort (nicht im Kühlschrank) 15 bis 20 Stunden ruhen lassen. Nach der Teigruhe darf der angegarte Teig auf keinen Fall mehr stark belastet oder geknetet werden. Vorsichtig den Teig aus den Schüsseln auf eine geölte oder bemehlte Holzplatte kippen und möglichst gleichmäßig und sehr behutsam zu einer gleichförmigen Teigplatte ausziehen. Diese in der Mitte mit einem scharfen Messer teilen und die Brote im heißen Ofen unter Zugabe einer halben Tasse Wasser (Luftfeuchtigkeit) hellbraun backen.

Tipp:

Als Variationsmöglichkeit können Sie auch klein geschnittene Oliven in den Teig mit einarbeiten.

SPRINGER
BIO-BACKWERK

Springer Bio-Backwerk

Wenn morgens um ein Uhr in der Backstube am Horner Weg die Lichter angehen, dann haben die Bäcker von Springer Bio-Backwerk alle Hände voll zu tun. „Das werden ja immer mehr Brote!", freuen sie sich dann nicht selten mit gespieltem Entsetzen.

Kein Wunder: Der Hamburger Traditionsbäcker, der sich seit einigen Jahren ausschließlich auf biologisch hergestellte Backwaren konzentriert, läuft auf Erfolgskurs. Die Nachfrage nach Broten, Brötchen und Kuchen mit 100 Prozent Zutaten aus kontrolliert ökologischem Anbau ist groß: „Besonders beliebt ist unser ‚Hamburger Kräftiges', das im Buchenholzrauch gebacken wird", so Geschäftsinhaber Wolfgang Wilhelm Springer: „Auch beim Oliven-Ciabatta oder dem Baguette de Campagne greifen die Kunden gerne zu." Von Letzterem seien über 99 000 allein im Jahr 2008 über die Ladentheke gegangen.

So rosig sah die Bilanz bei Springer Bio-Backwerk nicht immer aus. Mitte der 1990er-Jahre stand der Meisterbäcker in vierter Generation vor einem Wendepunkt. Die zunehmende Konkurrenz an großen Filialisten machte dem Familienbetrieb zu schaffen. „Das werden ja immer weniger Brote!", hieß es damals am frühen Morgen noch: „Diesmal stöhnten die Bäcker jedoch mit Recht", erinnert sich Ulrich Römer, der Backstellenleiter, an die schwierige Zeit.

In enger Zusammenarbeit mit Thomas Effenberger, einem bekannten Hamburger Bio-Vollkornbäcker, konzentrierte man sich nun zunehmend auf Bioprodukte. Diese Tatsache allein beeindruckte die Kunden zunächst jedoch wenig. Erst die Standortverlegung der Filialen brachte den gewünschten Erfolg. „Als wir die erste Filiale in Volksdorf eröffneten, waren die Menschen skeptisch", erzählt Wolfgang Springer. Mit Recht: Es gab schließlich sieben direkte Konkurrenten. „Dennoch gaben uns die Kunden vom ersten Tag an eine Chance." Begeistert waren sie von den aromatischen und gesunden Biobackwaren, die ihnen gut, ja meist sogar besser als in den hiesigen Backshops schmeckten. Vom Erfolg angespornt folgten weitere Filialeröffnungen: zunächst zwei in Eppendorf, dann eine im Alstertal-Einkaufszentrum (AEZ), in Bergedorf und schließlich in Rotherbaum.

Kontakt:

Springer Bio-Backwerk
Inhaber: Wolfgang Wilhelm Springer

Horner Weg 192 | 22111 Hamburg
Telefon 040/655993-0 | Telefax 040/655993-99
www.springer-bio-backwerk.de

Ihre frische Bioware erhalten alle sieben Filialen vom Hauptgeschäft in Hamburg-Horn, das seit 1943 mit der Übernahme von Wilhelm Springer in den Händen der Familie liegt. Die Backtradition geht aber noch weiter zurück. 1889 betrieb schon dessen Vater Heinrich Springer in Kaltenkirchen eine Bäckerei. „Die Nachfrage nach Brot und Co. war damals noch so gering, dass mein Urgroßvater gleichzeitig als Landbriefträger seinen Lebensunterhalt verdiente", erzählt der heutige Inhaber, der sich über mangelnde Nachfrage dagegen nicht beklagen kann.

Das Erbe seiner Väter hat der Betriebswirt des Handwerks dabei zunächst mit wenig Elan angetreten. Die Lust sei erst mit der Umstellung auf die Bioproduktion gekommen. Bei dieser werde übrigens nicht nur bei den Rohstoffen (zum Beispiel vom Lämmerhof in Schleswig-Holstein) auf einwandfreie Bioqualität geachtet, sondern zudem auf eine ganzheitliche ökologische Produktion, so Springer. Das fängt beim Strom, dem Wasser und der CO2-Emission an und hört bei der schonenden Verarbeitung der Teige in Handarbeit mit sehr langen Ruhezeiten auf. Für die umweltfreundliche Produktion wurde Springer Bio-Backwerk mehrfach zertifiziert, unter anderem als klimafreundliches Unternehmen nach dem „Stop Climate Change" Standard.

Aber auch was die Qualität der Produkte oder die Mitarbeiterführung angeht, erhielt der Betrieb bereits Auszeichnungen. Da erstaunt es wenig, dass man von motivierten Verkäuferinnen und Verkäufern stets freundlich bedient wird: „Das nette, vor allem authentische Lächeln ist bei uns Voraussetzung für die Einstellung der Mitarbeiter und sogar Vertragsbestandteil", verrät Wolfgang Springer und lächelt. Von dieser Tatsache profitieren die Kunden natürlich ebenso wie von den „ausgezeichneten" Produkten. Es liegt nahe, dass es da morgens um eins in der Backstube heißt: „Schon wieder mehr Brote!"

Zutaten für 2 Brote:

520 g Roggensauerteig (Man erhält den Sauerteig beim Bäcker. Wer das „Abenteuer" wagen will, den Teig selbst herzustellen, der benötigt: 280 g Roggenmehl und 240 ml Wasser)
500 g Roggenmehl Type 1150 | 350 g Weizenmehl Type 550 | 540 ml Wasser (25 – 28 °C)
25 g Meersalz | 16 g Bioreal-Hefe

Hamburger Kräftiges

Sollte der Sauerteig selbst hergestellt werden, so muss man 15 Gramm Mehl mit 15 Milliliter Wasser verrühren und bei konstant 30 °C 12 Stunden ruhen lassen. Drei weitere Male je 15 Gramm Mehl und 15 Milliliter Wasser dem Teig zufügen, bis sich nach 48 Stunden 120 Gramm Sauerteig gebildet haben. Diesen mit dem restlichen Mehl sowie Wasser zu einem weichen Teig kneten und 12 bis 16 Stunden bei 26 bis 28 °C ruhen lassen. Der Sauerteig ist gelungen, wenn er säuerlich schmeckt und mild, aromatisch-säuerlich riecht.

Für den Teig alle Zutaten, außer der Hefe, 8 Minuten langsam kneten. Nach 2 Minuten Hefe hinzugeben. Den Teig abdecken und 1 Stunde ruhen lassen. Danach rund formen, auf das Backblech legen und erneut ein bis zwei Stunden vor Zugluft geschützt ruhen lassen.

Wenn die Oberfläche deutlich aufreißt, in den auf 260 °C vorgeheizten Ofen schieben. Damit die Oberfläche des Brotes elastisch bleibt und Glanz erhält, Wasser (etwa 50 bis 60 Milliliter) auf ein weiteres heißes Blech oder den Ofenboden schütten. Vorsicht: Bei schneller Dampfentwicklung besteht die Gefahr des Verbrennens. Nach 20 Minuten auf 220 °C abfallen lassen. Insgesamt 60 bis 70 Minuten backen.

Bäckerei Frank Stemke

Im historischen Kern der Stauferstadt Schwäbisch Gmünd findet man mitten in der Schmiedgasse die Bäckerei Stemke, bekannt für die außergewöhnliche Qualität ihres Demeter-Vollkorn-Angebots der Brote, Brezeln und Briegel.

Briegel, das ist das Nationalgebäck der Gmünder. Größer als ein Brötchen aber noch kein Brot, gibt es Briegel nur in Schwäbisch Gmünd und Umgebung. Als Bäckermeister Ralf Stemke 1978 dorthin zog, um eine Bäckerei zu übernehmen, die schon auf eine 100-jährige Tradition zurückblicken konnte, kannte er noch keine Briegel. Er war schließlich ein „Reigschmeckter", wie man im Schwäbischen Zugezogene nennt. Daher ahnte er anfangs auch nicht, wie wichtig diese Briegel sind.

Das wurde ihm aber schnell klar: Eine Bäckerei in Gmünd muss Briegel backen. Das gehört dazu wie das Hagelsalz zur Laugenbrezel. Also ließ er sich das Rezept vom Obermeister geben. Doch die Kundschaft war sich einig: „Die Sachen vom Stemke send zwar net schlecht, aber Briegel ka er halt koine backen."

Also höchstes schwäbisches Lob für alles, außer eben für die Briegel. Doch das wollte der Bäckermeister auf keinen Fall auf sich sitzen lassen. Er machte sich ans Werk, um hinter die Geheimnisse dieser Briegel zu kommen – und schon bald war die kleine Backstube bekannt für die ganz besondere Qualität der Briegel.

Mittlerweile hat der Sohn die Backstube übernommen. Die Tradition des Vaters mit der Verbundenheit zum „echten" Backen lebt in Bäckermeister Frank Stemke fort. Auch heute noch nimmt er sich Zeit. Zeit für Brot und Brötchen ohne Emulgatoren, Geschmacksverstärker und künstliche Aromen. Zeit für die Teige und eine lange Teigführung, damit sich die natürlichen Aromen entwickeln und entfalten können. Zeit für Handwerk und für Qualität. Hier beherrscht man das Bäckerhandwerk noch heute – und das schmeckt man!

Das Mehl kommt aus der Region, das Getreide für die Vollkornprodukte liefert der Bauer noch selbst an. Es wird erst unmittelbar vor Gebrauch schonend in einer der eigenen Mühlen gemahlen. Täglich werden vier verschiedene Sorten eigener Sauerteig angesetzt. Ein guter Sauerteig bildet die Basis für ein gutes Brot. Er benötigt mehrere Stunden Ruhe und ein abgestimmtes Klima, um sich zu entwickeln. Neben seiner Funktion als

Kontakt:

Bäckerei Frank Stemke
Inhaber: Frank Stemke

Vordere Schmiedgasse 13 | 73525 Schwäbisch Gmünd
Telefon 07171/62510
www.gutebrote.de

Triebmittel liefert der Sauerteig einen wesentlichen Beitrag zu Geschmack, Aroma, Haltbarkeit und Bekömmlichkeit der Backwaren. „Beim Stemke" setzt man auf eine natürliche Versäuerung aus eigenen Sauerteigkulturen. Diese sind besonders bekömmlich, schützen das Brot auf natürliche Weise vor Schimmel und halten es länger frisch.

Das Vollkornbrot der Bäckerei Stemke erfüllt darüber hinaus die hohen Demeter-Qualitätsansprüche, geht sogar noch einen kleinen Schritt weiter: Das selbst gemahlene Korn, Wasser und Salz sind die einzigen Zutaten in Stemkes Demeter-Broten. Mehr Zutaten braucht ein gutes Brot nicht – wenn man weiß, wie's geht. Auch die anderen Backwaren werden ebenfalls mit viel Liebe und Handarbeit hergestellt. Die Brezeln werden noch von Hand geschlungen, das Ziehfett für Plunder- und Blätterteig wird aus reiner Butter und Mehl gemacht; selbst der Sauerrahm für die beliebten Zwiebelfladen wird von Frank Stemke und seinen Bäckern noch selbst aus reiner Sahne angesetzt. Fertige Backmischungen aus der Tüte sucht man hier vergebens.

Die Qualität und der ausgezeichnete Geschmack werden von den Kunden honoriert. Das ist wichtig für die Bäckerei, bei der noch alles über eine einzige Theke geht. Vom Laden aus kann man zusehen, wie Frank Stemke das frische Brot aus dem Steinofen holt. Beißt man hinein, beißt man in echtes Brot, wohlschmeckend und herzhaft. Sei es das Steinofenbrot, das Netzbrot, der Frankenlaib oder das Kürbiskernbrot. Man kann stets sicher sein, ein ausgezeichnetes Brot vor sich zu haben, was zahlreiche Auszeichnungen belegen.

Gefragt nach dem eigenen Favoriten, nennt der Bäckermeister das Walnussbrot. Dabei gibt er augenzwinkernd zu, dass dies auch daran liegen könnte, dass dieses Brot sein erstes selbst entwickeltes Brotrezept war, das in der Bäckerei angeboten wurde.

Zutaten für 8 Briegel:

650 g Weizenmehl Type 550 | 15 g Salz | 15 g Hefe | 5 g Malz (erhält man beim Bäcker)
375 ml kaltes Wasser | 150–200 ml Eiswasser | 2 EL Kümmelsaat | 2 EL Hagelsalz

Briegel

Mehl, Salz, Hefe, Malz und die 375 Milliliter Wasser zu einem weichen Teig kneten (mindestens 8 Minuten). Wenn der Teig glatt ist und zu glänzen beginnt, ist er perfekt. Wenn der Teig zu weich erscheint, kein weiteres Mehl zugeben, sondern länger kneten.
Nun das Eiswasser in 50 bis 100 Millilitermengen nach und nach unterkneten. Der Teig muss glatt bleiben. Er darf nicht zu warm werden (maximal 24 °C), sonst wird er grieselig und die Briegel werden beim Backen flach.
Den Teig 1 bis 2 Stunden ruhen lassen, bis er ungefähr zur doppelten Größe aufgegangen ist.
Backstein oder Backblech mit Backpapier abdecken und im Backofen auf 250 °C vorheizen. Ein weiteres Backblech auf den Boden des Backofens stellen und eine Tasse Wasser eingießen. Den Ofen sofort wieder schließen.
8 Briegel à circa 150 Gramm mit Wasser ausbrechen, das heißt beide Hände in eine Schüssel mit Wasser tauchen und ein Stück Teig abdrehen, zum Briegel formen und auf den heißen Stein setzen. Sofort mit Kümmel und Hagelsalz bestreuen.
Alle Briegel in den Backofen schieben und nochmals etwas Wasser in das Backblech gießen. Tür schließen. Der Dampf sorgt für eine knackige Kruste.
Nach 20 Minuten die Temperatur auf 220 °C senken und weitere 10 Minuten backen. Die Briegel sollen eine gute Bräune haben, dann knacken sie richtig und haben ein kräftiges Aroma.

Tipp:

Der Briegel ist ein kräftiges Gebäck. Er schmeckt pur, mit Butter oder mit herzhaften Belägen wie Wurst, mit warmem Leberkäse oder auch einem Schnitzel.

Brot in Kult und Religion

Brot spielt seit Menschengedenken eine grundlegende Rolle. Es ist Synonym für Nahrung, Wohlergehen und damit für das Leben selbst. Abwesenheit von Brot bedeutet Hunger, Not und im schlimmsten Fall den Tod.

So war es von Anbeginn Hauptteil kultischer Bräuche und religiöser Riten. Schon die Sumerer glaubten 3 000 Jahre v. Chr. an eine Seele des Korns und opferten ihren Göttern Brote.

Die Ägypter sollen das Brot von dem Götterpaar Isis und Osiris erhalten haben. Neben den zwei Hauptgöttern verehrten die Menschen am Nil aber noch eine Vielzahl an Gottheiten, die auch Fruchtbarkeit und Wachstum symbolisierten und denen sie an Altären und bei Prozessionen Getreide und Brot opferten. Wie im Diesseits spielte die Nahrung für die alten Ägypter auch im Jenseits eine tragende Rolle. Sowohl Brote als auch Modelle von Kornspeichern waren als Grabbeigabe üblich. Ab dem mittleren Reich sind sogar keimende Getreidekörner als Sinnbild für das neuerwachende Leben nach dem Tod belegt.

Die Israeliten lernten durch die Ägypter das Brot kennen und brachten es durch ihren Auszug aus dem Land der Pharaonen zu den Griechen und Römern. In Griechenland wurde die Göttin Demeter als Fruchtbarkeitsgöttin und Hüterin des Ackerbaus verehrt. Sinnbildlich wurde sie mit der blühenden Ähre in der Hand dargestellt und nach jeder Ernte wurden ihr die ersten Körner als Dank gewidmet. Neben der Ähre war der Mohn wegen

seines Samenreichtums ein weiteres Attribut der Demeter. Aber auch andere Gottheiten wurden durch Brotopfer geehrt. Bekannt sind Gebildbrote für die Jagdgöttin Artemis in Form eines Hirsches. Noch heute kann man bei der ländlichen Bevölkerung Griechenlands die Verehrung der Fruchtbarkeitsgöttin beobachten, die schon der griechische Dichter Kallimachos in seiner Hymne an Demeter im 3. Jahrhundert v. Chr. beschreibt.

Das römische Pendant der Demeter ist Ceres. Ihr Kult ist seit dem 5. Jahrhundert v. Chr. belegt, wobei er nach und nach komplett unter den griechischen Einfluss geriet. Auch ihr wurden vor jeder Aussaat öffentliche Opfer dargebracht und nach jeder Ernte eine trächtige Sau geopfert. Genau wie Demeter wurde sie mit dem Schwein analogisiert, das den Menschen der Antike als Sinnbild für den Ackerbau galt. Der römische Dichter Ovid schreibt in seinen Fasti – einem Kalender der römischen Festtage und Gebräuche – anlässlich der Cerealia, einer zu Ehren der Göttin jährlich im April stattfindenden Feierlichkeit: „Als Erste hat Ceres mit hakigem Pfluge die Schollen aufgeworfen, als Erste gab sie Früchte und genießbare Nahrung den Landen, als Erste gab sie Gesetze. Alles ist Gabe der Ceres". Zugleich deutet er damit auf die religiöse Nähe der Römer und Griechen bei ihren kultischen Handlungen hin.

Im Deutschen kennen wir Ceres als Namensgeberin für Zerealienund im Spanischen oder Portugiesischen als Wortstamm für cerveza oder cerveja, das Bier.
Während das Brot in der Bibel häufig Erwähnung in Zusammenhang mit alltäglichen Gegebenheiten, eucharistischen Handlungen und eschatologischen Hoffnungen findet, wird ihm im Hinduismus, Buddhismus und dem Islam keinerlei religiöse Bedeutung beigemessen.

Brot im Judentum

In der Religion des Judentums spielt Brot ein tragende Rolle. Es wird sinnbildlich als Zeichen für Gottes Segen gesehen. Ohne Brot zu sein, kommt einem Fluch gleich. Zudem ist es symbolisch mit wichtigen Ereignissen aus dem jüdischen Glauben verknüpft, so dass eine Vielzahl an Broten und Gebäck zu unterschiedlichen Anlässen und Feiertagen Verwendung findet. Eines der wichtigsten Ereignisse im jüdischen Glauben ist das Passahfest, das an den Auszug der Israeliten aus Ägypten erinnert. Durch die eilige Flucht konnte kein Sauerteig mehr angesetzt werden, so dass zu den koscheren Lebensformen der jüdischen Gläubigen heute das ungesäuerte Brot gehört. Mit dem Essen der Mazzen und anderer koscherer

Lebensmittel während des jährlichen siebentägigen Festes gedenken die Juden ihrer Befreiung aus der Sklaverei der Pharaonen und danken Gott, der durch die Aussendung von Plagen die Flucht ermöglichte. 40 Jahre zogen die Israeliten durch die Wüste, bevor sie Kanaan, das gelobte Land, erreichten. Ihre Nahrung war das Manna, Brot, das Gott vom Himmel regnen ließ. Jeden Tag konnten sie das Manna sammeln, aber es verdarb im Laufe des Tages, nur nicht am sechsten Tag. Da hielt es bis zum siebten Tag, weil Gott an diesem ruhte. Heute wissen wir, dass es sich bei diesem Manna nicht um Brot gehandelt hat, sondern um den Ausfluss von Tamarisken, der hauptsächlich von Schildläusen erzeugt wird. In den Morgenstunden ist er noch fest, zerfließt aber mit der Hitze des Tages.
Bei der wöchentlichen Sabbatfeier von Freitag bis Samstagabend erinnern zwei Challot (geflochtene Hefezöpfe) an diese doppelte Menge „Brot". Oftmals sind die Challot aus zwölf Strängen geflochten, die für die zwölf Stämme Israels stehen. Die Challot werden umgangssprachlich auch kurz Challe genannt und sind ebenfalls unter dem Begriff Berches bekannt, was wörtlich Segensspruch bedeutet. Vor jedem gemeinsamen Essen der ersten Sabbatmahlzeit spricht der Hausherr folgenden Segen: „Gelobt seist Du, Herr, unser Gott, König der Welt, der Brot aus der Erde hervorbringt".

Neben Passahfest und Sabbat gibt es Brote für das Shawuot, ein Erntedankfest, das an das Opfern zweier Weizenbrote aus der ersten Ernte im Tempel von Jerusalem erinnern soll. An diesem Tag verkündete Moses aber auch die Zehn Gebote vom Berg Sinai, so dass auch Brote in Form einer Torarolle an Shawuot gebräuchlich sind. Brote in Form einer 13 gibt es bei der Bar Mitzwa, in Kreisform für den Jahresanfang sowie spezielle Brote für Beschneidungen, Hochzeiten und Beerdigungen.

Bei jedem Backvorgang ist es wichtig, dass ein Stück des Teiges abgenommen und im Ofen verbrannt wird. Dieses Opfer, die sogenannte Erstlingsgabe, hat Gott den Juden für alle Zeit dafür auferlegt, dass er sie aus der Wüste ins geheiligte Land geführt hat (4. Mose 15,17–21).

Werden die Brote, wie zum Beispiel in einer Berliner Bäckerei, von einem nichtjüdischen Bäcker gebacken, so ist es Pflicht, dass zumindest ein Jude den Ofen symbolisch entzündet und die Einhaltung der streng koscheren Speisevorschriften kontrolliert.

Brot im Christentum

Auch im Christentum ist das Brot eng an religiöse Handlungen und Heilsvorstellungen gebunden. Gott erscheint den Menschen in der Bibel immer wieder in „Brotgestalt", als einer, der die Hungrigen sättigt und sich so der Existenz der Menschen annimmt, indem er ihnen die zentrale Sorge um das „tägliche Brot" nimmt. Diese Bitte, „Unser täglich Brot gib uns heute", die Eingang ins Vaterunser gefunden hat, verleiht der Zuversicht der Christen um ihr Wohlergehen Ausdruck.

Brot bedeutet jedoch mehr als nur die Sicherung der materiellen Existenz. Es steht für Teilhaftigkeit am göttlichen und somit ewigen Leben. „Nehmet, das ist mein Leib" (Mk 14,22), sprach Jesus während des Abendmahls zu seinen Jüngern. Durch diese Gleichsetzung des lebensnotwendigen Nahrungsmittels „Brot" mit dem christlichen Glauben wird zugleich das Christentum als Grundlage menschlichen Daseins manifestiert. Mit der Gabe der ungesäuerten Hostie, dem Brechen des Brotes während des gottesdienstlichen Abendmahls gedenken Christen an den Tod Jesu und erhoffen sich die Teilnahme am göttlichen, unsterblichen Leben. Ein Versprechen, das Jesu nach der Speisung der 5 000 in Kafarnaum gab: „Ich bin das lebendige Brot, das vom Himmel herabgekommen ist. Wer von diesem Brot isst, wird in Ewigkeit leben. Das Brot, das ich geben werde, ist mein Fleisch, für das Leben der Welt" (Joh 6,51).

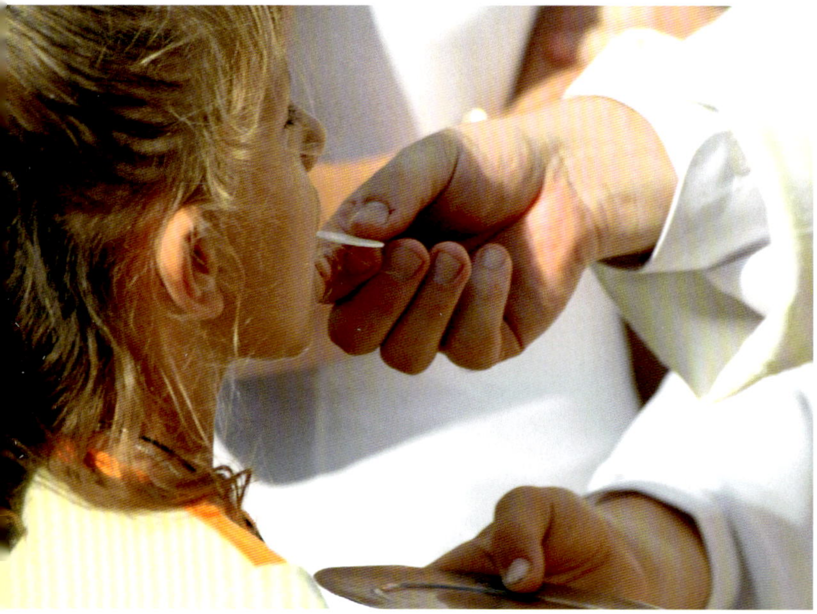

Gerade die Geschichte des Speisewunders, bei der 5 000 Menschen von fünf Gersterbroten und zwei Fischen satt werden, zeigt, dass Brot auch eine Verpflichtung seinem Nächsten gegenüber bedeutet. Jesus stellte eine Gemeinschaft mit allen Menschen her, besonders aber mit den sozial

Benachteiligten und Außenseitern. Durch sein Mahl mit den Zöllnern und Sündern (Mk 2,13–17) weist er auf die Pflicht, sein Brot gemeinschaftlich zu teilen und in Verantwortung gegenüber dem Elend der Welt zu leben, hin. Eine Aufgabe, die sich „Brot für die Welt" auf seine Fahnen geschrieben hat. Ein Zusammenschluss aller evangelischen Kirchen, der durch jährliche Spendenaktionen wichtige Unterstützung in der Entwicklungshilfe leistet.

Darüber hinaus ist das Brechen des Brotes gleichsam zum Erkennungsmerkmal Jesu Christi geworden. Der Evangelist Lukas berichtet von zwei Jüngern, denen Jesus nach seiner Auferstehung auf dem Weg nach Emmaus begegnet und die ihn erst dann in einem Gasthaus erkennen, als er das Brot brach und es mit ihnen teilte (Lk 24,13–35). Dass Jesus seinen Jüngern vor den Toren der Stadt erscheint und nicht etwa in Jerusalem, zeigt, dass sein Tod am Kreuz, mit dem er alle menschlichen Sünden auf sich nimmt, dem im Abendmahl und im gewandelten Brot von den Christen gedacht wird, gleichermaßen für alle Menschen in allen Teilen dieser Welt gilt.

Ein Ausspruch Mahatma Gandhis, des großen Anführers der indischen gewaltlosen Unabhängigkeitsbewegung, bringt die religiöse Bedeutung des Brotes im Christentum auf den Punkt: „Es gibt so viele hungrige Menschen auf der Welt, dass Gott nur in Gestalt von Brot kommen konnte".

Bäcker Thonke

Die Stadt Rathenow im Havelland ist eigentlich bekannt als die Wiege der industriellen Optik in Deutschland, die dort Anfang des 19. Jahrhunderts von Johann Duncker begründet wurde. Auch die örtliche Ziegelindustrie machte sich einen Namen, indem sie den Großteil der Ziegel für berühmte Bauten wie das Schloss Sanssouci oder das Rote Rathaus in Berlin lieferte. Es gibt jedoch noch eine Erfolgsgeschichte aus dem Städtchen an der Havel zu vermelden. Eine, die 1926 begann und mittlerweile über 80 Jahre andauert: die der Bäckerei Thonke.

Am Anfang stand ein kleines Wiener Café, das Gotthilf Thonke eröffnete. Schon bald gesellten sich eine Holzofenbäckerei sowie eine weitere Filiale hinzu. Der Gründersohn, Günter Thonke, führte das Geschäft in der DDR-Zeit privatwirtschaftlich, trotz staatlicher Kontrollen. Mit der politischen Wende kam auch die betriebliche.

Olaf Thonke übernahm den Betrieb 1988 und nutzte die Chancen, die ihm die freie Marktwirtschaft bot. Er erweiterte den Handwerksbetrieb auf derzeit 36 Filialen in Brandenburg und Sachsen-Anhalt. 250 Mitarbeiter arbeiten in dem Traditionsunternehmen, das für seine hohe Qualität bekannt und beliebt ist, denn durch die geringe Fluktuation werden eine hohe Rezepttreue und ein großes Maß an Erfahrung gewährleistet. Das neue Backhaus in der Gustav-Freytag-Straße verbindet – ganz im Sinne von Olaf Thonke – Moderne und Tradition. Ausgestattet mit modernsten Bäckereimaschinen bietet es dennoch genügend Raum für echte Handwerkskunst und traditionelle Herstellungsverfahren nach hauseigenen Rezepturen.

Naturbelassene Rohstoffe, schonende Verarbeitung, Natursauerteig aus eigener Herstellung – Sorgfalt hat bei Bäcker Thonke Tradition. Vielfältige Brotsorten werden in einem modernen Steinbackofen gebacken, direkt auf der Steinplatte. Dadurch erhalten sie außen eine schöne Kruste und innen einen saftigen Kern. Die Brote werden gut ausgebacken, was sie lange frisch hält und natürlich konserviert.

Kontakt:

Bäcker Thonke
Inhaber: Olaf Thonke

Gustav-Freytag-Straße 2 | 14712 Rathenow
Telefon 0 33 85 / 53 95 39 | Telefax 0 33 85 / 53 95 90
www.thonke.de

Auch sonst lässt Olaf Thonke sich einiges einfallen, um „Satte hungrig zu machen". Neben der langen Teigruhe, während der sich, ähnlich wie bei gutem Wein oder Käse, ein ganz besonderes Aroma entwickelt, ist es auch der Einsatz von verschiedenen Vorteigen, die dem späteren Gebäck seinen besonderen Geschmack verleihen. Eine wichtige Komponente ist die hervorragende Wasserqualität, die für ausgezeichnete Geschmackserlebnisse sorgt. So arbeitet die Backstube mit reinem Quellwasser. Ein eingebautes Wasserbelebungssystem sorgt für eine grundlegende Verbesserung der Wasser- und somit auch der Teigqualität und erlaubt den Verzicht von Backmitteln. „Die Backwaren sind länger frisch und haben ein deutlich volleres Aroma", so der Bäckermeister.

Auch die eigene Flockenmühle ist eine wertvolle Anschaffung. Wertvoll für die Gesundheit der Menschen, denn bei Thonkes wird das Getreidekorn erst unmittelbar vor der Teigherstellung in der Flockenmühle verarbeitet. Dadurch bleiben wichtige Inhaltsstoffe wie Vitamine, Eiweiß, Mineralien und Geschmacksstoffe erhalten. Ein wichtiger Beitrag für eine gesunde Ernährung.

Nicht umsonst ist die Liste der Preise und Auszeichnungen lang, die das Unternehmen im Laufe der Jahre erhalten hat. Darunter die höchste Auszeichnung, die ein Unternehmen der Backwarenbranche für seine Leistungen erreichen kann: der Bundesehrenpreis der Deutschen Landwirtschafts-Gesellschaft.

Trotz der Erfolge vergisst Olaf Thonke nicht, worauf es seinen Kunden wirklich ankommt. Auf Verlässlichkeit. Verlässlichkeit in der Qualität und im Angebot. Und so reicht die Treue einiger Kunden sogar so weit, dass sie sich nach einem Umzug in entferntere Regionen gerne „Ostpakete" schicken lassen. Enthalten sind natürlich die leckeren Brote von Bäcker Thonke.

Zutaten für 2 Brote:

Für das Quellstück: 150 g Roggenflocken | 110 g Weizenschrot | 55 g Sonnenblumenkerne | 55 g Leinsaat | 300 ml heißes Wasser | 15 ml Grafschafter Goldsaft

Für den Grundteig: 110 g Roggenmehl Type 1150 | 525 g Weizenmehl Type 550
250 ml Wasser | 18 g Hefe | 18 g Meersalz | 175 g Quark | 175 g Sauerteig (beim Bäcker erhältlich)

Havelländer Quarkbrot

Für das Quellstück Roggenflocken, Weizenschrot, Sonnenblumenkerne, Leinsaat, heißes Wasser sowie den Goldsaft mischen und 3 Stunden quellen lassen.

Das Quellstück mit allen restlichen Zutaten zu einem Teig von circa 28 °C Temperatur vermengen. Diesen 10 Minuten kneten, ihn 10 Minuten ruhen lassen und abschließend noch einmal 10 Minuten kneten. Nach einer Teigruhe von circa 20 Minuten den Teig in zwei gleich große Stücke teilen und zu länglich-ovalen Laiben formen. Nun zuerst auf einem feuchten Tuch und anschließend in Sesamsaat wälzen. Zur Stückgare für weitere 20 Minuten abgedeckt stehen lassen. Die Brote auf ein schwach bemehltes Blech setzen und mit einem kleinen, scharfen Messer schräg zueinander einschneiden. Nach einer weiteren Garzeit von 20 bis 30 Minuten in den auf 250 °C vorgeheizten Backofen schieben. Eine Tasse Wasser auf ein weiteres Backblech, unterste Schiene, gießen. Nach 10 Minuten die Temperatur auf 210 °C reduzieren. Die gesamte Backzeit beträgt in etwa 50 bis 60 Minuten.

Tipp:

Eine besonders schöne Kruste erhält das Brot, wenn man während der letzten 10 Minuten die Backofentür einen Spaltbreit öffnet.

Backhaus Trölsch

Wenn der Wind richtig steht, duftet es an manchen Tagen in Korntal-Münchingen herrlich nach frisch gebackenem Brot und knusprigen Brötchen. Diese aromatischen Wohlgerüche entsteigen dem Backhaus Trölsch, das etwas abseits des Zentrums von Münchingen liegt. Herzstück des Unternehmens Trölsch sind drei Männer, drei unterschiedliche Spezialisten, allesamt in der Backstube aufgewachsen. Jürgen, Ulrich und Peter Trölsch: ein Bäckermeister, ein Konditormeister und ein Diplom-Betriebswirt.

Die Brüder übernahmen den elterlichen Betrieb im Jahr 1991 und bauten ihn mit einer klaren Strategie zum führenden Bäcker- und Konditoreibetrieb im Großraum Leonberg und Ludwigsburg aus. Derzeit ist das Backhaus Trölsch mit 16 Bäckereifachfilialen und acht Cafés vertreten. Und wenn auch das heimische Handwerk oft mit Existenzsorgen zu kämpfen hat, Trölsch macht die Supermarkt-Aufback-Konkurrenz keine Angst.

Denn: Tritt man in eine Bäckerei Trölsch ein, wird deutlich, dass der Betrieb neben Vielfalt auf Qualität setzt. Ob Dinkelbrötchen, Steinofenbrot, Spitzbaguette oder der Dauerbrenner, das Schwäbische Kartoffelbrot: Bei aller Auswahl ist das Schlüsselwort Qualität – Qualität ohne Kompromisse.

Für gutes Brot und Brötchen benötigt man dafür drei Grundzutaten: gute Rezepte, handwerkliches Können und hochwertige Zutaten. Und seit einiger Zeit auch fundierte Verbraucherinformationen. „Denn Kunden sind zu Recht kritischer geworden, wollen wissen, was sie essen und wie es hergestellt wird", stellt Jürgen Trölsch fest. Und das Backhaus Trölsch trägt diesem Bedürfnis Rechnung, indem Energie und Zeit in Öffentlichkeitsarbeit investiert wird. Der Blick hinter die Kulissen ist erwünscht und erlaubt. Das zahlt sich aus, im Strohgäu ist bekannt, dass die Bäcker bei Trölsch den Sauerteig täglich aufs Neue ansetzen, die Brezeln von Hand schlingen und das geschulte Fachpersonal hinter der Verkaufstheke darüber Auskunft gibt, was im Brot enthalten ist und was garantiert nicht.

Kontakt:

Backhaus Trölsch
Inhaber: Jürgen, Ulrich & Peter Trölsch

Kornwestheimer Straße 73 | 70825 Korntal-Münchingen
Telefon 0 71 50 / 60 50-0 | Telefax 0 71 50 / 60 50-10
www.troelsch.de

Und Kunden, die einen Beweis für die traditionell handwerkliche Herstellung und Tagesfrische der Trölsch-Backwaren möchten, können dazu eine Betriebsbesichtigung nutzen, zu der das Backhaus regelmäßig einlädt. Dort erfährt man zum Beispiel, dass das verwendete Getreide für die Biovollkornbrote aus einer Biomühle aus dem Nachbarort stammt, in eigenen Silos gelagert und je nach Bedarf frisch vermahlen wird. Und dass die lange, generationsübergreifende Erfahrung im Bäckerhandwerk zum hohen Standard beiträgt und durch den Einsatz modernster Analyse- und Prüfmethoden ergänzt wird. Dazu gehören zum Beispiel die Überprüfung der Krume, die Kontrolle der Krustendicke oder auch die Messung des Säuregehalts, die sicherstellen, dass nur hochwertige Ware in den Verkauf gelangt.

Der Erfolg der letzten Jahre bei Trölsch basiert jedoch nicht nur auf dem traditionellen Bäcker- und Konditorgeschäft. Der Gastrobereich – acht Cafés, davon fünf mit Frühstück und Mittagstisch – liegt im Trend der Zeit und wird von den Kunden hoch geschätzt. Leichte Mittagsmahlzeiten aus marktfrischen, saisonalen Produkten und anschließend einen Coffee-to-go, das spricht das eilige junge Publikum an, das den Sitzplatz am Nachmittag dann gern Gästen mit genügend Zeit zum Genuss einer Schwarzwälder Kirschtorte überlässt.

Die Brüder Trölsch haben es vom kleinen Familienbetrieb zum regionalen Marktführer geschafft. Nicht allein – das soll hier auch gesagt sein. Schon die Eltern, Martin und Irmgard Trölsch, wussten um die Bedeutung der guten und fleißigen Mitarbeiter. In der Backstube von 1958 war man eine „große Familie" und entsprechend achtungsvoll war und ist auch heute der Umgang miteinander. Diese Unternehmenskultur hat sich vererbt, die Familie Trölsch lebt sie.

Zutaten für 2 Brote:

Für Quellstück: 65 g Paniermehl | 125 ml lauwarmes Wasser

Für den Grundteig: 250 g mehlig kochende Kartoffeln | 40 g Trockenhefe
100 g Roggenmehl Type 1150 | 875 g Weizenmehl Type 1050
550 ml lauwarmes Wasser | 30 g Salz | 250 g Roggennatursauerteig

Schwäbisches Kartoffelbrot

Für das Quellstück das Paniermehl mit dem Wasser (circa 28 °C) gut verrühren und eine Stunde einweichen.

Die gekochten Kartoffeln lauwarm schälen und durch eine Kartoffelpresse drücken. Die Hefe in etwas Wasser auflösen. Mit den beiden Mehlsorten, dem lauwarmem Wasser (28 °C), Salz, Sauerteig und Quellstück in eine Küchenmaschine geben und 4 Minuten langsam, anschließend 8 Minuten schnell kneten lassen. Wird der Teig von Hand geknetet, muss mit der doppelten Knetzeit gerechnet werden. Der Teig sollte glatt sein und sich leicht vom Schüsselrand lösen lassen.

Den Teig 45 Minuten zugedeckt ruhen lassen. Danach den Teig mit etwas Mehl rund formen. Die glatte Seite in leicht mit Mehl gestaubte Körbe setzen. Die Brote nochmals circa 20 Minuten gehen lassen.

Auf den Backofenboden ein Backblech stellen. Backofen auf 250 °C vorheizen. Eine Tasse Wasser in das Backblech gießen und den Backofen sofort schließen. Die Brote auf ein mit Backpapier ausgelegtes Blech stürzen, mehrmals mit einem kleinen Messer einstippen (einritzen). Die Brote in den Backofen schieben und nochmals etwas Wasser in das Backblech gießen. Tür schließen.

Nach 3 Minuten die Tür für 2 bis 3 Minuten öffnen und die Temperatur auf 190 °C zurückstellen. Die Brote circa 65 Minuten backen. Auf den Brotboden klopfen. Wenn ein hohler Ton zu hören ist, ist das Brot fertig gebacken. Das Brot zum Auskühlen auf ein Gitter setzen, damit der Dampf besser entweichen kann.

Bäckerei & Mühle Eberhard Vielhaber

Bis heute wird im sauerländischen Stockum genau an der Stelle täglich frisches Mehl gemahlen, an der bereits seit 1819 die Mühle der Familie Vielhaber steht. Knapp 100 Jahre später begann man dann damit, zunächst in der eigenen Küche, später in der Backstube, Brot zu backen. Tauschte man anfangs noch direkt vor Ort Brot gegen Getreide, so wurden schon kurze Zeit später Pferdefuhrwerke und ab 1926 sogar ein Auto eingesetzt, das Brot an Bauernhöfe auslieferte und Getreide mitbrachte. Weder an dem Standort der Mühle noch daran, dass hier täglich frisches Mehl gemahlen und verbacken wird, hat sich bis heute etwas geändert. Wohl aber an dem inzwischen umfangreichen Brot- und Brötchensortiment, an der Zahl der Mitarbeiter sowie der eigenen Verkaufstellen und nicht zuletzt an dem ausgeprägten Servicegedanken, der das Leitbild des heutigen Unternehmens charakterisiert.

Die ursprüngliche Mühle, die vor 190 Jahren in den Familienbesitz der Familie Vielhaber kam, wurde 1921 abgerissen und an gleicher Stelle als viergeschossiges Gebäude wieder aufgebaut. Von 1945 bis 1947 wurde die Mühle dann noch einmal deutlich vergrößert und mit modernen und leistungsfähigen Walzenstühlen und Plansichtern ausgestattet, die bis heute für beste Qualität beim Mehl sorgen. „Frisches, schonend gemahlenes Mehl ist eine wichtige Voraussetzung für hochwertiges Brot", weiß der heutige Inhaber Eberhard Vielhaber. Nicht ohne Stolz weist er darauf hin, dass seine Bäckerei als eine von ganz wenigen in Deutschland eine eigene Mühle betreibt. „Eine Mühle wie unsere bietet optimale Bedingungen, das Mehl so zu mahlen, wie es für unsere Brote am besten ist. Außerdem wissen wir, dass unser Mehl unbehandelt ist", zählt er die Vorteile auf. Jährlich werden hier etwa 600 Tonnen Roggen und 80 Tonnen Weizen vermahlen – zu Mehl und auch zu Schroten, die für die Zubereitung der Vollkornbrote benötigt werden.

Damals wie heute liegt die Kernkompetenz der Bäckerei Vielhaber bei Broten. Dabei sorgen ein aus etwa 20 Sorten bestehendes Grund- und ein Spezialsortiment für Abwechslung. Das Spektrum reicht von reinen Weizen- bis zu 100-prozentigen Roggenbroten. Brote mit Körnern, Saaten, Nüssen und Früchten sowie Vollkornbrote und Spezialitäten aus anderen Regionen Deutschlands vervollständigen das Angebot. Größten Wert legt Eberhard Vielhaber nicht nur darauf, dass er nur Mehl aus der eigenen Mühle und vorzugsweise aus regional angebautem Getreide verwendet, sondern auch darauf, dass in seinem Betrieb in traditioneller Handarbeit, mit viel Ruhe und unter völligem Verzicht auf chemische Zusätze oder Fertigbackmischungen gebacken wird. Dass die Verwendung von natürlichem, selbst gezüchtetem Sauerteig ebenso großen Einfluss auf den guten Geschmack hat wie lange Teigruhe- und Backzeiten, weiß der Bäcker- und Müllermeister sowie gelernte Betriebswirt selbst am besten. Nicht zu vergessen: Das gute Sauerländer Wasser, von dessen hochwertiger Qualität Eberhard Vielhaber absolut überzeugt ist.

Mühlen Backstube
Vielhaber
bestes Brot durch frisches
Mehl aus eigener Mühle
das Original
Siegerbäcker
Siegerbäcker

Neben den kräftigen Broten bietet die Bäckerei Vielhaber ihren Kunden eine große Auswahl verschiedener Brötchen, ein saisonal angepasstes Sortiment an Feingebäck sowie Snacks auf Basis der eigenen Backwaren an. In den 25 Mühlenbackstuben-Filialen, die sich über das Sauerland und den Märkischen Kreis verteilen, werden die Brötchen überwiegend frisch vor den Augen der Kunden gebacken. In der Holzofen-Bäckerei in Hagen können Brotliebhaber zudem live dabei sein, wenn in dem 350 Grad heißen Holzofen knusprige Brote gebacken werden. Überhaupt versteht es Eberhard Vielhaber, seine Kunden ins tägliche Geschehen einzubeziehen. Für rege Kommunikation sorgen beispielsweise die Lob- und Tadelkarten, auf denen seine Kunden ihrer Freude über die freundliche Bedienung oder einen besonderen Service ebenso Ausdruck verleihen können wie ihrem Unmut über schwer leserliche Preisschilder oder die Herausnahme ihres Lieblingsbrotes aus dem Sortiment. „Diese Art des Austausches hilft uns dabei, uns ständig weiterzuentwickeln“, sagt Eberhard Vielhaber, der sich die oftmals wertvollen Anregungen seiner Kunden nicht nur zu Herzen nimmt und umsetzt, wo es geht, sondern auch jede einzelne Karte persönlich beantwortet.

Kontakt:

Bäckerei & Mühle Eberhard Vielhaber GmbH & Co. KG
Inhaber: Eberhard Vielhaber

Stockumer Straße 34 | 59846 Sundern-Stockum
Telefon 0 29 33 / 97 54-0 | Telefax 0 29 33 / 97 54 54
www.baeckerei-vielhaber.de

Zutaten:

360 ml Wasser | 240 g Roggenmehl Type 997 | 110 g Weizenmehl Type 550
110 g Weizenmehl Type 1050 | 520 g Sauerteig | 11 g Hefe | 14 g Salz

Siegerbäcker

Alle Zutaten zu einem Teig von etwa 26 °C vermischen und zugedeckt ruhen lassen. Anschließend Teig zu einer Kugel formen, flach drücken und in Roggenmehl zu einer circa 30 Zentimeter langen Rolle formen, die in einer entsprechenden Körbchenform weitere 45 Minuten lang zugedeckt ruhen sollte. Nach der Teigruhe die Rolle auf ein Backblech kippen und bei anfänglich 250 °C 60 Minuten backen. Im Verlauf der Backzeit sollte die Temperatur schrittweise reduziert werden bis sie 200 °C erreicht. Gleich zu Beginn des Backvorgangs ein Schnapsglas voll Wasser in den Ofen gießen, um Wasserdampf zu erzeugen, nach fünf Minuten die Ofentür öffnen, damit der Dampf wieder entweichen kann. So entsteht eine kräftige Kruste mit ausgeprägten Rissen – das typische Qualitätsmerkmal des meistverkauften Brots der Bäckerei Vielhaber. Je nachdem, welche Brotfarbe bevorzugt wird, kann die Temperatur in der letzten Viertelstunde individuell variiert werden.

Weichardt Brot

Weichardt Brot, idyllisch gelegen im historischen Kern des Berliner Stadtteils Wilmersdorf, gilt zu Recht als Oase für Leib und Seele inmitten des hektischen Großstadttrubels. Heinz und Mucke Weichardt betreiben ihre Bäckerei seit über 30 Jahren und haben etwas ganz Besonderes geschaffen: die erste Vollkornbäckerei Berlins und die erste Demeter-Bäckerei überhaupt. Die beiden überzeugten Anhänger der anthroposophischen Lehre Rudolf Steiners sehen ihren Bäckerbetrieb als ganzheitliche Heilstätte, als Beitrag zur Gesundung des Menschen und der Erde. Ernährung mit Nachhaltigkeit ist die Botschaft.

Der Name Demeter geht zurück auf eine Muttergöttin aus dem griechisch-kleinasiatischen Raum, zuständig für die Fruchtbarkeit der Erde, des Getreides, der Saat und der Jahreszeiten.

Heinz Weichardt bezieht alle Rohstoffe und Zutaten wie Getreide, Butter und Blütenhonig von kontrollierten und anerkannten Demeter-Höfen, die Landbau, Viehzucht, Saatgutproduktion und Landschaftspflege nach anthroposophischen Grundsätzen betreiben, immer im Einklang mit den Bewegungsgesetzen der Natur.

Doch nicht nur auf hochwertige Rohstoffe, auch auf die schonende Weiterverarbeitung wird hier großer Wert gelegt. So wird das Vollkornmehl täglich frisch und schonend selbst gemahlen, auf den drei Natursteinmühlen, die man durch ein großes Fenster von der Straße aus bewundern kann. Die schweren Granitsteine stammen aus den Sextener Dolomiten in Südtirol. Einschlüsse verschiedener Halbedelsteine wie Rosenquarz und Bergkristall durchziehen die Steine und sorgen durch die feinen Spurenelemente ihres Abriebs für eine Bereicherung des Mahlguts. Die Mühlen mahlen zudem sanft und sehr langsam, sie brechen das Korn ganz leicht auf und erhalten so die wertvollen Inhaltsstoffe. Gerade einmal für 600 Brote reicht das Mehl,

Kontakt:

Weichardt Brot
Inhaber: Heinz Weichardt

Mehlitzstraße 7 | 10715 Berlin
Telefon: 030/8738099 | Telefax: 030/8611699
www.weichardt.de

das die drei Mühlen täglich liefern. Der Strom hierfür stammt selbstverständlich ausnahmslos aus regenerativen Energiequellen von Greenpeace Energy. Die Weichardts sind überzeugt, dass die Mühlen das Geheimnis ihrer besonderen Brotqualität sind.

Der Geschmack gibt ihnen Recht. Aufgrund des großen Zuspruchs wurde die Angebotspalette von anfangs nur Brot auf Brötchen, Kuchen, Torten, Kleingebäck, Pralinen, Schokolade, Müsli, Knäckebrot und sogar Nudeln erweitert.

Doch der Kern ist und bleibt das Brot. Hergestellt aus Sonne, Korn und Liebe. „Jedes Brot ist ein Unikat", sagt der Bäckermeister aus Leidenschaft. „Man will es zur Blüte bringen, es muss ansprechen. Dafür muss man ständig wachsam sein, sich jeden Tag die Qualität neu erarbeiten." Radioberieselung während der Arbeit gibt es bei Weichardts nicht. „Die Gedanken müssen ganz bei der Arbeit sein." Nur so kann die hohe Qualität erreicht werden. Ein Brot braucht mindestens 20 Stunden, bis es verführerisch duftend im Regal liegt. Schon allein der hauseigene Sauerteig braucht seine Zeit. Er wird aus Weizenschrot, Kichererbsenmehl, Honig, Salz und veredeltem Wasser gefertigt. Für jede der 28 Brotsorten wird ein eigener Teig vorbereitet. Heinz Weichardt folgt dabei uralter Handwerkstradition. Statt auf moderne Maschinen setzt er auf den Menschen, „damit er sich am Brot profilieren kann". In der Einfachheit liegt die Perfektion, nicht in der Kompliziertheit. Seine Mitarbeiter stellt er übrigens nicht in erster Linie nach ihrem Können, sondern nach ihrer Lernwilligkeit ein. Denn eine faire Chance hat jeder verdient, dies ist Teil seiner Philosophie. Und so ist es genau diese Authentizität, diese Ganzheitlichkeit, die den Meister und sein Team auszeichnet.

Zutaten für 2 Brote:

Für den Vorteig: 150 g Weizenfeinschrot | 150 g Roggenfeinschrot | 100 g Leinsamen, ungemahlen | 400 ml Wasser | 20 g Grundansatz (2 gehäufte TL, im Naturkostladen erhältlich) | 3 g Spezial-Backferment-Granulat (1 leicht gehäufter TL, im Naturkostladen erhältlich)

Für den Grundteig: 550 g Weizenfeinschrot | 150 g Roggenfeinschrot | 450 ml Wasser | 20 g Salz

Leinsamenbrot

Für den Vorteig 400 ml Wasser (circa 40 °C) vorbereiten. Grundansatz und Granulat in einem kleinen Teil des abgemessenen Wassers auflösen, restliches Wasser dazugeben und mit 150 Gramm des Weizenfeinschrots, 150 Gramm des Roggenfeinschrots sowie den Leinsamen gründlich vermengen. Den Vorteig bei 23 bis 25 °C bedeckt mindestens 12 Stunden stehen lassen.

Für den Grundteig die übrigen 550 Gramm Weizenfeinschrot, 150 Gramm Roggenfeinschrot sowie das Salz dem gut ausgereiften Vorteig hinzufügen. Circa 450 Milliliter Wasser dazugeben, so warm (bis 60 °C), dass der durchgeknetete, mittelfeste Teig 30 °C aufweist. Alles bedeckt 40 bis 50 Minuten stehen lassen. Wenn der Teig gut gelockert ist, in Stücke teilen, bearbeiten, formen und in warme, gefettete Backkästen oder ausgestreute Gärkörbchen legen. Bedeckt 30 bis 40 Minuten stehen lassen. Die gut aufgegangenen Teigstücke an der Oberfläche einschneiden, befeuchten und in den auf 220 °C vorgeheizten Backofen schieben. Für ausreichend Wasserdampf (zum Beispiel mit einem Wassertöpfchen) sorgen. Die Backzeit beträgt circa 1 Stunde. Die Brote sollen gut gebräunt sein.

Werner's Backstube

„Ein Bäckerladen aus Kindertagen". Bei diesen Worten fühlt man sich unmittelbar zurückversetzt in die eigene Kindheit. Als man an der Hand der Eltern in den kleinen Bäckerladen um die Ecke spazierte und sich auf den Duft des frisch gebackenen Brotes freute. Bilder steigen vor dem geistigen Auge auf, Bilder von einer Ladentheke aus dunklem Holz, die den Blick auf leckerste Backwaren freigibt. Von blauweißen Emaillegefäßen, die die Aufschriften „Zucker" und „Mehl" tragen. Von großen Glasgefäßen, die süße Karamellbonbons enthalten. Bilder aus guten alten Zeiten, als die Welt noch in Ordnung war.

Es gibt sie noch, diese „Bäckerläden aus Kindertagen". Sie sind ein Markenzeichen von Werner's Backstube, einem der bekanntesten und beliebtesten Bäckereibetriebe in Mainz und Umgebung, 1954 von Friedrich Christian Werner gegründet. Seit 1989 führt sein Sohn, der Bäcker- und Konditormeister sowie Betriebswirt des Handwerks, Manfred Werner, das Unternehmen. Er war es auch, der die Idee zu diesem ganz besonderen Ladenkonzept hatte.

Die liebevoll im Stil der 1930er-Jahre gestalteten Bäckereifachgeschäfte enttäuschen die Erwartungen nicht. Sie verströmen eine nostalgische Atmosphäre von anno dazumal. Liebevoll bis ins kleinste Detail gestaltet und charmant eingerichtet. Dunkles Holz, Schubladen, in die Theke eingelassen und mit alter Frakturtypografie beschriftet, mit Bonbons gefüllt. Alte, schmiedeeiserne Brotregale, Backsteine an den Wänden. Angegliederte Cafés laden ein zum Verweilen und Erholen. 1997 eröffnete Manfred Werner mit dem Dombäck in der Mainzer Schöfferstraße den Prototyp dieses Geschäfts. Heute werden fast alle Geschäfte in diesem Stil errichtet, so auch die Boulangerie de Mayence in der Augustinerstraße. Hier fühlt man sich gleich wie im Urlaub. Im Stil einer französischen Landbäckerei gehalten, werden hier natürlich auch französische Spezialitäten angeboten. Angefangen vom Baguette traditionel über feine Nuss-Brochettes bis hin zu Snacks nach französischer Machart.

Man spürt sofort, hier wird jeder Tag mit Begeisterung begonnen, mit Leidenschaft zur Tradition und zum Bäckereihandwerk. „Backen ist nicht einfach nur die Herstellung von Grundnahrungsmitteln", so Manfred Werner. „Gutes Backwerk, hergestellt mithilfe traditioneller Verfahren, steht für Lebensqualität." So stellen er und sein Team jede Nacht aufs Neue ihre Handwerkskunst unter Beweis. Ständig werden frische Brötchen und knusprige Brote gebacken, in alter Tradition auf Steinplatten. Hauseigene Natursauerteige, Biovollkornsauerteige und Weizenvorteige sind die Basis für die zahlreichen Brotspezialitäten. Die Liebe zur Tradition spiegelt sich auch in den teilweise alten Rezepturen wider, überliefert aus 50 Jahren Unternehmensgeschichte. Wie der Gutenberg Kranz, ein Hefenusskranz mit Schokoladenüberzug und Mandelsplittern, der einer Legende nach von Johannes Gutenberg sehr gern gegessen wurde. Oder die Kreppel zur Meenzer Fassenacht, die jedes Jahr aufs Neue prämiert werden. Mit den ofenfrischen Brötchen und Broten, duftenden Croissants

Bioland
Vollkornzwerg
Frankenbrot
Werner's
Backstube
Laugenbrezel
Paarweck

sowie Kuchen und Torten gehört Werner's Backstube nach Wertung des Gourmet-Magazins Der Feinschmecker zu den besten Bäckern Deutschlands.

„Gutes Backen muss auch gesund sein", so das Credo des Bäckermeisters. Eine besonders schmackhafte Spezialität sind beispielsweise die Meenzer Brötchen, deren extra lange Teigführung sich auf die Bekömmlichkeit auswirkt. Werner's Backstube ist zudem Bioland-Vertragspartner und verwendet Rohstoffe aus biologischem Anbau. Auch der Umweltpreis der Stadt Mainz wurde dem Betrieb für den schonenden Umgang mit Energie und Ressourcen verliehen. Qualität ist hier also keine leere Worthülle, sondern fest verankerte Unternehmenskultur. Wie in guten alten Zeiten.

Kontakt:

Werner's Backstube
Inhaber: Manfred Werner

Robert-Bosch-Straße 34 | 55129 Mainz
Telefon 061 31/958 58-0 | Telefax 061 31/958 58-58
www.werners-backstube.de

Zutaten für 2 Brote:

Für das Quellstück: 100 g Roggenschrot | 150 ml heißes Wasser

Für den Grundteig: 540 g Roggenmehl Type 1150 | 650 g Weizenmehl Type 550
60 g Roggenvollkornmehl | 800 ml Wasser (circa 30 °C)
200 g Natursauerteig (in Bäckereien erhältlich) | 30 g Salz | 20–25 g Hefe

Dombäck-Brot

Für das Quellstück den Roggenschrot mit 150 Milliliter heißem Wasser überbrühen, zwei Stunden quellen lassen.

Das Quellstück mit allen anderen Zutaten langsam zu einem Teig kneten. Den Teig bei Zimmertemperatur abgedeckt circa 2 Stunden ruhen lassen. Danach die Hände gut mit Wasser benetzen, die Hälfte des Teigs aus der Teigschüssel holen und sofort auf ein mit Backpapier vorbereitetes Backblech legen. Die Oberfläche noch einmal leicht mit Wasser bestreichen und den Teig eine gute halbe Stunde garen lassen. Den auf 250 °C vorgeheizten Backofen auf Umluft stellen und das Brot auf mittlerer Schiene einschieben. Das Dombäck-Brot mit einer halben Tasse Wasser bedampfen (auf den Boden des Ofens gießen). Nach 10 Minuten die Temperatur auf 200 °C reduzieren und circa 60 Minuten backen. Das Brot nach dem Backen auf einem Holzrost in einem trockenen Raum auskühlen lassen.

Tipp:

Die Hefe im Teigwasser etwas aufschwemmen, bevor sie verarbeitet wird.

Für jedes Brot ist ein Kraut gewachsen

Majoran

Basilikum

Rosmarin

Dill

Thymian

Schnittlauch

Krause Petersilie

Koriander

Oregano

Salbei

Knoblauch

Zwiebel

Mehlsorten

Bis ins 20. Jahrhundert wurde Brot aus dem vollen Korn gebacken. Das Mehl war immer frisch gemahlen, da es nicht lange gelagert werden konnte. Keimling und Schale ließen es schnell ranzig und bitter werden. Heute wird beides dem Korn entzogen – daher der Name Auszugsmehl – und es ist länger haltbar. Aber dem Mehl werden mit Keim, Frucht- und Samenschale auch die Träger der Vitamine, Mineral- und Ballaststoffe entzogen. Wie viele der wichtigen Nährstoffe in den unterschiedlichen Mehlarten enthalten sind, verrät die Typenzahl.

Um diese bestimmen zu können, werden 100 Gramm Mehl verbrannt. Der nährstofffreie Teil des Mehls verbrennt vollständig und der Ascherückstand gibt die Menge der Ballaststoffe und Mineralien an. So enthält das gängige Haushaltsmehl 405 gerade mal 0,405 Gramm an Nährstoffen.

Grundsätzlich gilt: Je niedriger die Typenzahl ist, desto feiner und weißer ist zwar das Mehl, aber es fehlt ihm an wertvollen Nährstoffen. Dafür ist es länger haltbar. Je höher die Ziffer ist, desto dunkler sind das Mehl und auch der Gehalt an Mineralstoffen und Vitaminen. Weiter gilt: Frisch gemahlenes Getreide schmeckt nicht nur am besten, sondern gewährleistet darüber hinaus auch den optimalen Gehalt der lebenswichtigen Inhaltsstoffe. Vollkornmehl sollte immer möglichst frisch verarbeitet werden, da es durch den ölhaltigen Keimling schnell ranzig wird. Es unterliegt keiner Typisierung.

Weizenmehl	Roggenmehl
Type 405: kaum Eigengeschmack, aber sehr gute Backeigenschaften. Geeignet für Klein- und Feingebäcke, das Binden von Soßen und für Panaden (Schnitzel, Fisch usw.). Bevorzugt für Croissants, Baguettes, Ciabattas und Weißbrote. Type 405 ist das handelsübliche Mehl.	**Type 815:** das hellste und feinste unter den Roggenmehlen. Geeignet für helle Roggenbrote. Wird in Süddeutschland häufiger verwendet als im Norden.
Type 550: gut für Hefegebäck und Weißbrote, unterscheidet sich nur wenig von der Type 405.	**Type 997:** im Geschmack kräftiger als Weizenmehl. Gut für Misch- und Graubrote.
Type 812: Verwendung für Weißbrote, helle Misch- und Mehrkornbrote. Gute Backeigenschaften.	**Type 1150:** für Mischbrote und Sauerteigbrote geeignet.
Type 1050: Mehl mit einem hohen Eiweißgehalt und kräftigem Eigengeschmack. Ideal zum Brotbacken, besonders für Mischbrote und herzhafte Backwaren. Bei der Teigbereitung sollten etwa zehn Prozent mehr Flüssigkeit zugegeben werden.	**Type 1370:** für Mischbrote und Sauerteigbrote, besonders für das reine Roggenbrot. Kräftig im Geschmack.
Type 1600: Mehl mit schon recht dunkler Farbe, das unter den Weizenmehlen den höchsten Mineralstoffgehalt aufweist. Ist für dunkle Mischbrote und für herzhafte, rustikale Weizenbrote gut geeignet.	**Type 1740:** Verwendung für herzhafte Roggenbrote und Mischbrote, aber auch für Lebkuchen und Früchtebrote. Wird als typisches „Bäckermehl" bezeichnet
Type 1700: enthält alle wichtigen Mineralstoffe und Vitamine. Wird auch Vollmehl genannt und findet besonders in der Vollkornbäckerei Verwendung.	**Type 1800:** sehr kräftiger Geschmack und sehr reich an Inhaltsstoffen. Grundlage für fast alle Vollkornbrote.

Brote in Kategorien

Dunkel oder hell, oval oder kastenförmig, mit Kräutern oder Körnern. Deutschland ist weltweit bekannt für seine Brote. Mehr als 300 Sorten zählt der Zentralverband des Deutschen Bäckerhandwerks. Dazu kommen 1 200 verschiedene Arten an Kleingebäck.

Vereinfacht lassen sich die schmackhaften Laibe in fünf Kategorien einordnen:

Brotsorten

Weizenbrot

Weizenbrot muss zu mindestens 90 Prozent aus Weizenmehl hergestellt werden. In der Regel wird Hefe zur Teiglockerung verwendet.
Brote aus hellem Mehl sollten möglichst frisch verzehrt werden, da sie am schnellsten von allen Brotsorten altbacken werden. Hierzu gehören Toastbrot, Baguette, Weißbrot und das italienische Ciabatta.

Weizenmischbrot

Weizenmischbrote werden aus Weizen- und Roggenmehl hergestellt, wobei der Anteil des ersteren mindesten 50 und höchstens 89 Prozent betragen muss.

Roggenbrot

Roggenbrote bestehen aus mindestens 90 Prozent Roggenmehl. Sie haben einen kräftigen, leicht säuerlichen Geschmack, da sie mit einem hohen Anteil an Sauerteig gebacken werden, ohne den der Roggen nicht backfähig wäre.

Roggenmischbrot

Roggenmischbrote werden aus Roggen- und Weizenmehl gebacken. Hierbei muss der Anteil des Roggenmehls überwiegen.

Spezialbrote

Alle anderen Brotvarianten fallen unter die Spezialbrote. Sie zeichnen sich durch die Zugabe besonderer Produkte – pflanzlich oder tierisch –, spezielle Backverfahren oder eine eigene Art der Teigführung aus.

Besondere Produkte können andere Getreidearten wie zum Beispiel Dinkel, Mais oder Hafer sein. Werden mindestens je fünf Prozent anderer Getreidearten verbacken, spricht man von einem Mehrkornbrot. Ab 20 Prozent kann das Brot nach dem zusätzlichen Korn benannt werden. Andere Beispiele für pflanzliche Erzeugnisse sind Saaten, Kartoffeln, Kräuter oder Gewürze.

Auch das beliebte Vollkornbrot fällt unter die Rubrik der Spezialbrote, da sein Korn einem besonderen Mahlverfahren unterliegt. Zwar wird es auch aus Roggen- und aus Weizenmehl gemahlen, aber immer aus dem vollen Korn. Es enthält keinerlei Anteile Auszugsmehl. Vollkornbrote enthalten von allen Brotsorten den höchsten Anteil an Mineralien, Ballaststoffen und Vitaminen, da alle Bestandteile des Korns, also auch der Keimling und die Schale, enthalten sind. Brote aus speziellen Backverfahren sind zum Beispiel Holzofenbrote oder der süßliche Pumpernickel, der in einem Dampfkammerverfahren bis zu 36 Stunden gebacken wird.

Auch nach Formen werden Brote unterschieden. Obwohl hier der Fantasie der Bäcker keine Grenzen gesetzt sind, sind die zwei häufigsten Formen rund und lang. Rundformen werden generell als freigeschobene Brote gebacken, das heißt, dass sie nebeneinander im Ofen liegen, ohne dass sie sich berühren. So bilden sie rundherum die typische braune Kruste.

Im Gegensatz zu den Langformen, die meist angeschoben gebacken werden. Sie liegen so eng nebeneinander, dass sich nur an der Oberfläche die geschmackstragende Kruste entwickeln kann.

Generell gilt:

Ein gutes Brot erkennt man am typischen Aroma, der saftigen, lockeren Krume und an der Kruste. Diese sollte bei einem Weiß- und Weizenmischbrot immer kross sein. Roggenbrote hingegen haben keine ausgeprägte Kruste. Es gilt: Je höher der Anteil des dunklen Mehls, desto weicher wird das Äußere des Brotes.

Kernige Zutaten

Sesam

Kürbiskerne

Kastanien

Haselnüsse

Leinsamen

Haferflocken

Sonnenblumenkerne

Mandeln

Walnüsse

Pistazien

Glossar und Wissenswertes

Aufbewahrung von Sauerteig:
Den Sauerteig in ein Glas geben. Den Deckel erst zuschrauben, wenn sich eine Haut auf dem Teig gebildet hat. Das Glas nun in den Kühlschrank stellen. So hält der Sauerteig sich zwei bis drei Wochen lang. Noch länger haltbar ist er durch die Beigabe von Mehl. Und zwar so viel, bis er krümelig wird wie Streusel für einen Streuselkuchen. Den sogenannten Krümelsauer trocknen lassen und anschließend gut wegpacken. So hält sich der Sauerteig bis zu mehreren Wochen. Durch Zugabe von Wasser ist er jederzeit wieder backfähig.

aushudeln:
meint das Auswischen des Holzbackofens mit einem nassen Jutesack, nachdem das Feuer runtergebrannt und entfernt ist und bevor das Brot direkt auf die heißen Steine eingeschossen wird. Ein Begriff aus dem Schwäbischen.

Ausmahlungsgrad:
Je höher der Ausmahlungsgrad ist, desto mehr Anteile des vollen Korns werden vermahlen. Ein niedriger Ausmahlungsgrad, wie bei Weizenmehl Type 405, bedeutet, dass nur der Mehlkörper vermahlen wurde. Keimling, Schale und Aleuronschicht – und damit nahezu alle Vitamine und Mineralien – wurden entfernt.

Brot (Leitsatz aus dem Deutschen Lebensmittelbuch):
Brot wird ganz oder teilweise aus Getreide und/oder Getreideerzeugnissen, meist nach Zugabe von Flüssigkeit, sowie von anderen Lebensmitteln (z. B. Leguminosen-, Kartoffelerzeugnisse) in der Regel durch Kneten, Formen, Lockern, Backen oder Heißextrudieren des Brotteiges hergestellt.
Brot enthält weniger als zehn Gewichtsteile Fett und/oder Zuckerarten auf 90 Gewichtsteile Getreide und/oder Getreideerzeugnisse.

Brot und Salz:
galten über Jahrhunderte als kostbare Lebensmittel. Heute ist es zum Beispiel Brauch, einem Paar Brot und Salz bei seinem Einzug in die neue Wohnung zu schenken, um Glück und Wohlergehen und Wohlstand zu wünschen.

Brot und Spiele:
die deutsche Übersetzung für „panem et circensem". Ein Ausdruck des römischen Dichters Juvenal, der in seinen Satiren die Entpolitisierung des römischen Volkes kritisiert. Und in der Tat waren Brot, Getreide, Wagenrennen und Gladiatorenkämpfe ein Mittel der Herrschenden, die Bürger unter Kontrolle zu halten und von Unruhen gegen die Oberen abzuhalten, wie Kaiser Trajan freimütig zugibt (M.C. Fronto, principia historiae, 5,11).

Brotkuchen:
eine schmackhafte Lösung, um altes, hartes Brot zu verarbeiten. 250 Gramm Brot (auch Kuchenreste) über Nacht in Milch einweichen. Gut ausdrücken, 100 Gramm Zucker, 125 Gramm geriebene Mandeln, 50 Gramm Schokolade und vier Eigelbe unterrühren. Zur Weihnachtszeit geben Nelken, Zimt, Rosinen, Zitronat und Kardamom dem Brotkuchen eine besonders feine Würze. Dann Eiweiß aus vier Eiern unterheben, das Ganze in eine Form füllen (darf höchstens dreiviertel voll sein) und anderthalb Stunden im Wasserbad garen.

Brot oder Bier?
Ob aber nun das Brot zuerst da war oder das Bier, ist bis heute noch unter den Archäologen ungeklärt. Beides basiert auf der Gärung des Getreides und steht im engen Zusammenhang, da in der Antike Bier auch aus Teig hergestellt wurde. So kennt das Sumerische ein Wort für Bierbrot: bapiro oder piro.

Challa (Mehrzahl Challot):
auch Challe, Barches oder Berches ist das Brot, das Juden beim wöchentlichen Sabbatfest und an Festtagen essen. Es muss „parve" (weder Fleisch- noch Milchprodukte dürfen enthalten sein) sein und wird in der Regel aus mehreren Zöpfen geflochten. Die zwei Laibe Challot, mit denen das Sabbatmahl beginnt, erinnern an die doppelte Menge Manna, die den Israeliten während ihrer Wüstenwanderung zuteil wurde. Im eigentlichen Sinne handelt es sich aber nicht um das Brot selbst, sondern um den Teigteil, der vor dem Backen abgetrennt und im Ofen verbrannt wird als Gedenken daran, dass Gott die Israeliten ins geheiligte Land Kanaan geführt hat.

Dunst:
entsteht wie Mehl beim Mahlen von Getreide. Er ist gröber als Mehl und feiner als Grieß, weshalb er auch Feingrieß genannt wird. Verkauft wird er unter dem Begriff „Doppelgriffiges Mehl" und findet Verwendung für Teig- oder Hefebackwaren, besonders für Spätzle und Knödel.

einschießen:
das Brot mit dem sogenannten Einschießer in den Ofen schieben. Der Einschießer ist ein Holzbrett mit einem langen Stil.

freigeschobenes Brot:
Werden beim Backen die Brotlaibe nicht direkt nebeneinandergesetzt, spricht man von freigeschobenem Brot. Es kann sich rundherum eine Kruste bilden. Im Gegensatz zum angeschobenen Brot, bei dem die Längsseiten so dicht aneinander in den Ofen geschoben werden, dass sich dort keine Kruste bilden kann.

Genetztes Brot:
ein helles Weizenmischbrot aus Schwaben. Der Name leitet sich von der Herstellungsweise ab. Mit „eingenetzten", also nassen Händen, wird der Teig in seine typische leicht unregelmäßige Form gebracht.

Getreideanbau:
Fast 20 Prozent der gesamten Fläche Deutschlands werden für den Getreideanbau genutzt.

Gluten:
Gluten ist das Klebereiweiß in Weizen, Roggen, Hafer, Gerste, Dinkel und Grünkern. Es ist nicht nur in Brot und Nudeln vorhanden, sondern auch vielen anderen Produkten des täglichen Bedarfs. Wer unter Glutenunverträglichkeit leidet, sollte seine Ernährung umstellen und Erzeugnisse aus Reis, Mais, Hirse, Quinoa, Amarant und Buchweizen zu sich nehmen.

Glyx-Brot:
Glyx ist die Kurzform für glykämischer Index, der ein Indikator für den Anstieg des Blutzuckers nach dem Essen ist. Auf einen hohen Blutzuckergehalt reagiert der Körper mit erhöhter Insulinausschüttung, das diesen umgehend wieder senkt. Die Folge sind erneuter Hunger oder sogar Fressattacken. Das Glyx-Brot weist einen geringen glykämischen Index auf, ist daher neben dem Effekt der lang anhaltenden Sättigung besonders für Menschen mit hohem Blutdruck geeignet. Allerdings zeigt eine neue Studie der Universität Göttingen, dass Patienten, die nach dem günstigen beziehungsweise ungünstigen glykämischen Index ernährt wurden, nicht mehr oder weniger abnahmen. Eine Diät, die nur aus der Reduzierung des glykämischen Index beruht, ist also wenig erfolgreich.

Hefe:
Triebmittel. Gibt es frisch im abgepackten 42-Gramm-Würfel oder als Trockenhefe im Päckchen. Je länger ein Vorteig ruht, desto weniger Hefe muss dem Teig zugesetzt werden. So reicht für fünf Kilogramm Mehl ein dreiviertel Würfel frische Hefe.

Hostie:
dünnes Brot aus ungesäuertem Teig, das aus zwei Dritteln Weizenmehl und einem Drittel Wasser besteht. Das Wort „Hostie" leitet sich aus dem lateinischen „hostia", Opfertier und Opfergabe ab. (Auch ein Hinweis, dass Getreide- und Brotopfer eine relativ junge Art des Opferns sind, während Tieropfer schon Jahrtausende alt sind.) Im Christentum wird während des Abendmahls durch die Gabe der Hostie an den Tod Christi gedacht, der beim letzten Abendmahl mit seinen Jüngern das Brot brach und sprach „nehmet, das ist mein Leib" (Mk 14, 22).

Kleie:
Als Kleie wird die Schale des Getreidekorns bezeichnet, die beim Mahlen entfernt wird, um ein längere Haltbarkeit zu erreichen. Sie ist als verdauungsförderndes Mittel besonders in Reformhäusern zu erhalten. Darauf kann bei Verzehr von Vollkornbroten und -produkten verzichtet werden. In ihnen ist die Kleie noch enthalten. Der Verzehr von Haferkleie hat zudem eine cholesterinsenkende Wirkung.

Knäckebrot:
ist ein Spezialbrot, das kurz und heiß gebacken und anschließend getrocknet wird. Durch den geringen Wasseranteil, höchstens zehn Prozent, hat es die charakteristische Härte und ist zudem lange haltbar. Während das schwedische dünne Flachbrot traditionell rund ist, kennen wir es hierzulande in rechteckiger Form.

koscher:
Werden die religiösen Vorschriften bei Lebensmitteln und deren Zubereitung eingehalten, spricht man im Judentum von „koscher". Brot darf keinerlei tierische Fette, also auch weder Butter noch sonstige Milchprodukte, enthalten. Auch etliche Zusatzstoffe wie Emulgatoren oder Gelatine sind verboten. Juden dürfen ihr Brot nur bei einem jüdischen Bäcker kaufen. Sein Brot ist nur dann koscher, wenn die Bäckerei unter der Aufsicht eines Rabbiners steht. In einer nichtjüdischen Bäckerei muss ein Jude den Backofen einschalten.

Krume:
Inneres eines Brotes. Sie sollte saftig und locker sein.

Lagerung von Brot:
Auch die Art der Lagerung wirkt sich auf die Qualität des Brotes aus. An der Luft trocknet es aus, Feuchtigkeit führt zu Schimmelbildung. Brot am Stück sollte am besten in einem sauberen Steinguttopf gelagert werden, mit der angeschnittenen Fläche nach unten. Scheiben hingegen in einer geschlossenen Plastikverpackung. Zur längeren Lagerung kann Brot eingefroren werden. Am besten in Tüten, in denen man es auch während des Auftauens lässt. So bleibt es saftig. Es sollte nicht im Kühlschrank aufbewahrt werden, weil es so sein Aroma verliert.

Laugenbrezeln, „Brezn":
sind das typische Gebäck des bayrischen Backhandwerks. Vor dem Backen wird die Brezel in eine Natronlauge getunkt, was ihr die charakteristische Färbung und den speziellen Geschmack verleiht. Gebacken wird sie aus Weizenmehl, Wasser, Salz, Hefe, Fett, Malzmehl und manchmal auch mit Milchpulver. Ihre Form stammt von dem römischen Ringbrot, dass sich im Laufe der Zeit vom Ring über zwei geformte Sechsen zur heutigen Brezel entwickelt hat.

Mazza (Mehrzahl Mazzot):
ist das ungesäuerte Brot, das Juden während des Passahfestes essen. Es erinnert an den Auszug der Israeliten aus Ägypten, bei dessen Eile kein Sauerteig mehr angesetzt werden konnte. Es wird ausschließlich aus Wasser und Mehl hergestellt, ist hauchdünn und hat charakteristische kleine Löcher. Der Prozess des Backens von der Zutatenvermengung bis zum fertigen Brot darf nicht länger als 18 Minuten dauern, da in dem Falle das Brot nicht mehr den jüdischen Nahrungsmittelvorschriften entsprechen würde, also nicht mehr koscher und somit unbrauchbar wäre. Es existieren auch die Schreibweisen Matzen und Mazzen.

Porung:
Begriff aus der Bäckersprache, der die eingeschlossenen Luftblasen im Inneren des Brotes, der Krume, meint. Durch eine gleichmäßige Porung kann sich die Hitze beim Backen optimal im Brot verteilen. So wird es locker, entwickelt den besten Geschmack und bleibt zudem länger frisch.

Pumpernickel:
ist ein Spezialbrot, da es sich durch das Backverfahren, es wird in der Dampfkammer bis zu 36 Stunden gebacken, von anderen Brotsorten unterscheidet. Es kommt aus dem westfälischen Raum, hat keine Kruste und einen eigenen süßlichen Geschmack. Um die Entstehung des Wortes ranken sich einige Legenden. So soll ein französischer Soldat, dem das schwere Brot unverdaulich erschien, gesagt haben: „C'est bon pour Nicle", womit er sein Pferd meinte. Somit wurde aus „Bon-pour-Nickel" Pumpernickel. Eine andere Version beschreibt die Wirkung des Brotes auf die menschliche Verdauung. Entstanden aus „pumpern", einem altes Wort für furzen, und „Nickel", der Abkürzung für Nikolaus.

Quellstück:
Quell- und Brühstück sind Vorstufen der Teigbereitung, die beim Backen von Getreideschrot eingesetzt werden. Grobe Schrote nehmen bei normaler Teigbereitung nicht genügend Wasser auf, wodurch beim Backen die Stärke nur ungenügend verkleistern. Backfehler sind die Folge.
Für ein Quellstück werden circa 20–40% des Schrotanteils, Salz und kaltes Wasser vermischt und über Nacht zum Vorquellen angesetzt. Dies wird dann am nächsten Tag mit den restlichen Teigzutaten weiterverarbeitet. Bei einem Brühstück wird eine Mischung aus Salz und circa 10–30% Schrot angesetzt. Diese wird mit kochendem Wasser übergossen, sodass sich im Brühstück eine Temperatur von 60–70% einstellt. Das Brühstück benötigt zwischen 1 bis 3 Stunden zum Quellen. Anschließend wird es mit den weiteren Teigzutaten verarbeitet. Im allgemeinen Sprachgebrauch wird der Begriff „Quellstück" meist für beide Teigvorstufen genutzt, da in beiden Fällen das Quellen des Schrotes Ziel der Prozedur ist.

Schluss des Brotes:
Beim letzten Formen des Brotes ergibt sich zwangsläufig eine Art Nahtstelle. Wird in der Bäckersprache als „Schluss des Brotes" bezeichnet. Wird dieser beim Backen nach oben in den Ofen geschoben, ergibt sich eine interessante, unregelmäßige Kruste.

Schrot:
ist grob zerkleinertes Getreide. Beim sogenannten Backschrot wurde der Keimling des Getreides entfernt, im Vollkornschrot ist er noch enthalten.

Teigführung:
meint die Wechselwirkung all jener Faktoren, die einen Teig ausmachen. Das können Temperatur, Feuchtigkeit, Licht und vor allen Dingen die Dauer, die ein Teig geknetet wird, sein. Daher spricht man auch von kurzer oder langer Teigführung.

Wirken:
einen Teig in Form bringen, bis ein glatter, fester Ballen ohne Lufteinschlüsse entsteht.

Zöliakie:
ist eine Überempfindlichkeit gegen Gluten (das in Weizen, Roggen, Hafer, Gerste, Dinkel und Grünkern vorkommende Klebereiweiß), die sich als chronische Erkrankung der Dünndarmschleimhaut äußert. Dadurch können Nährstoffe nicht verdaut werden. Da als Ursache häufig ein Enzymmangel in der Dünndarmschleimhaut angeführt wird, vermutet man auch eine genetische Veranlagung. Zöliakie ist nicht heilbar. Die einzige Behandlungsmöglichkeit liegt in einer lebenslangen glutenfreien Diät.

Adressverzeichnis

Bäckerei-Konditorei Angelbauer
Inhaber: Josef Angelbauer

Partnachauen 21
82467 Garmisch-Partenkirchen

Telefon 08821/2779
Telefax 08821/79279

a.angelbauer@gaponline.de
www.baeckerei-konditorei-angelbauer.de

Seite 18–21

Bäckerei Bahde
Inhaber: Willi Bahde und Peter Asche

Nessdeich 166
21129 Hamburg

Telefon 040/7426579
Telefax 040/7425706

brot@bahde.de
www.bahde.de

Seite 22–25

BäckerMann
Inhaber: Herbert Heinig

Südwestkorso 9
12161 Berlin

Telefon 030/8220956
Telefax 030/8212541

info@baecker-mann.de
www.baecker-mann.de

Seite 26–29

Borchers Althannoversche Spezialitätenbäckerei
Inhaber: Klaus Borchers

Hildesheimer Straße 44
30169 Hannover

Telefon 0511/885664
Telefax 0511/8091702

info@baeckereiborchers.de
www.baeckereiborchers.de

Seite 30–33

Feinbäcker Brante
Inhaber: Andreas Brante

Schulstraße 79
32547 Bad Oeynhausen

Telefon 05731/91394
Telefax 05731/796459

baeckerei.brante@t-online.de
www.baeckerei-brante.de

Seite 40–43

Bäckerei Bräuninger
Inhaber: Jürgen Bräuninger

Kirchgasse 7
91413 Neustadt an der Aisch

Telefon 09161/2776
Telefax 09161/61544

info@baeckerei-braeuninger.de
www.baeckerei-braeuninger.de

Seite 44–47

Backhaus Dries GmbH und Panini
Inhaber: Stefan und Martin Dries

Fürstbischof-Rudolf-Straße 14
65385 Rüdesheim am Rhein

Telefon 06722/906600
Telefax 06722/906607

info@backhaus-dries.de
www.backhaus-dries.de

Seite 48–51

Effenberger Vollkornbäckerei
Inhaber: Thomas Effenberger

Rutschbahn 18
20146 Hamburg

Telefon 040/455445
Telefax 040/454901

www.effenberger-vollkornbaeckerei.de

Seite 52–55

Elsass-Bäcker
Inhaber: Toni Jung

Hauptstraße 3
84573 Schönberg

Telefon 08637/378
Telefax 08635/7329

info@elsass-baecker.de
www.elsass-baecker.de

Seite 60–63

Holzofenbäckerei Eselsmühle, Rudolf Gmelin GmbH & Co. KG
Inhaber: Meinrad Bauer

Eselsmühle
70771 Musberg

Telefon 0711/7542535
Telefax 0711/7542806

info@eselsmuehle.com
www.eselsmuehle.com

Seite 64–67

Der Bäcker Fischer GmbH & Co. KG
Inhaber: Marcus Fischer

Alte Steige 29
91616 Neusitz / Rothenburg ob der Tauber

Telefon 09861/94080
Telefax 09861/940894

info@der-baecker-fischer.de
www.der-baecker-fischer.de

Seite 68–71

Bäckerei Konditorei Frick KG
Inhaber: Josef Frick

Schützenstraße 7–9
88250 Weingarten

Telefon 0751/46181
Telefax 0751/53918

info@baeckerei-frick.de
www.baeckerei-frick.de

Seite 72–75

Landbäckerei Geiger
Inhaber: Ralf Geiger

Rottweiler Straße 40
78667 Villingendorf

Telefon 0741/3486060
Telefax 0741/34860628

info@landbaeckerei-geiger.de
www.landbaeckerei-geiger.de

Seite 76–79

Godi's Backstube
Inhaber: Godehard Höweling

Sankt-Godehard-Straße 42
31139 Hildesheim

Telefon 05121/691325
Telefax 05121/283820

info@godis-backstube.de
www.godis-backstube.de

Seite 80–83

Bäckerei Haverland GmbH & Co. KG
Inhaber: Jochen Haverland

Opmünder Weg 65–67
59494 Soest

Telefon 02921/16019
Telefax 02921/16020

info@baeckerei-haverland.de
www.pumpernickel-original.de

Seite 88–91

Bäckerei Hoffmann
Inhaber: Heinz Hoffmann

Reutterstraße 42
80687 München

Telefon 089/580080-0
Telefax 089/580080-20

info@baeckerei-hoffmann.de
www.baeckerei-hoffmann.de

Seite 92–95

Bäckerei Hesse GmbH & Co. KG
Inhaber: Reinhard und Thomas Hesse

In der Welsmicke 8
57399 Kirchhundem – Welchen Ennest

Telefon 02764/9348-0
Telefax 02764/9348-24

info@baeckerei-hesse.de
www.baeckerei-hesse.de

Seite 96–99

Kalle-Bäcker
Inhaber: Sabine und Mark Riemann

Feldstraße 58a
25709 Marne

Telefon 04851/9555-0
Telefax 04851/9555-20

info@kalle-baecker.de
www.kalle-baecker.de

Seite 100–103

Bäckerei-Konditorei Kraft, Die Selberbäcker GmbH
Inhaber: Gregor Kraft

Brunnenstraße 13
65428 Rüsselsheim-Bauschheim

Telefon 06142/9755-0
Telefax 06142/9755-97

kraft@baeckerei-kraft.de
www.baeckerei-kraft.de
www.dosenbrotmanufaktur.de

Seite 104–107

Bäckerei-Konditorei Kronberger GmbH
Inhaber: Hans und Andrea Kronberger

Vogelsbergstraße 19
60316 Frankfurt am Main

Telefon 069/431585

Seite 108–111

Bäckerei Konditorei Café Lamm
Inhaber: Andreas Lamm

Hauptstraße 272
79576 Weil am Rhein

Telefon 07621/71066
Telefax 07621/71066

www.baeckerei-lamm.de

Seite 120–123

Backhaus-Café Liese
Der Stollenspezialist
Inhaber: Jörg Liese

Hauptstraße 23
59909 Bestwig-Ostwig

Telefon 02904/2250
Telefax 02904/2234

www.stollenspezialist.de
www.lieblingsbrot.com

Seite 124–127

Max Rischart's Backhaus KG
Inhaber: M. und G. Müller-Rischart

Marienplatz 18
80331 München

Telefon 089/231700-0
Telefax 089/231700-509

info@rischart.de
www.rischart.de

Seite 128–131

Konditorei-Bäckerei Muschler GmbH
Inhaber: Josef Muschler

Landshuter Straße 62–64
85356 Freising

Telefon 08161/62055
Telefax 08161/68874

info@muschler-freising.de
www.muschler-freising.de

Seite 132–135

Bäckerei-Konditorei Mühlhäuser
Inhaber: Günther Mühlhäuser

Hauptstraße 1
73540 Heubach

Telefon 07173/91070
Telefax 07173/910722

info@muehli.de
www.muehli.de

Seite 136–139

Bäckerei Münkel / Burkardt

Neue Straße 31
69427 Mudau-Schloßau

Telefon 06284/358
Telefax 06284/7036

Seite 146–149

Unser Bäcker Reinhold GmbH
Inhaber: Jörg und Wilko Reinhold

Hohe Straße 20
17255 Wesenberg

Telefon 039832/21008
Telefax 039832/21754

info@baecker-reinhold.de
www.baecker-reinhold.de

Seite 150–153

Bäckerei-Konditorei Schlösser
Inhaber: Wolfgang Schlösser

Hermann Straße 32–34
53225 Bonn

Telefon 0228/461704
Telefax 0228/475783

baeckerei-schloesser@web.de

Seite 154–157

Scholderbeck GmbH & Co. KG
Inhaber: Bernd & Eve Sigel

Scholderplatz 8
73235 Weilheim an der Teck

Telefon 07023/6738
Telefax 07023/908038

www.scholderbeck.de

Seite 158–161

Bäckerei Schroeder
Inhaber: Dennis Otten

Fiegenstraße 50
28219 Bremen

Telefon 0421/385481
Telefax 0421/395450

schroeder.brot@t-online.de

Seite 162–165

Ihr Bäcker Schüren
Inhaber: Roland Schüren

Mühlenbachweg 9
40724 Hilden

Telefon 02103/2017-0
Telefax 02103/2017-20

info@ihr-baecker-schueren.de
www.ihr-baecker-schueren.de

Seite 170–173

Schwälmer Brotladen / Bäckerei Viehmeier
Inhaber: Jürgen Viehmeier

Treysaer Weg 6a
34630 Gilserberg

Telefon 06696/1453
Telefax 06696/961831

info@ schwaelmer-brotladen.de
www.schwaelmer-brotladen.de

Seite 174–177

Springer Bio-Backwerk
Inhaber: Wolfgang Wilhelm Springer

Horner Weg 192
22111 Hamburg

Telefon 040/65 59 93-0
Telefax 040/65 59 93-99

info@springer-bio-backwerk.de
www.springer-bio-backwerk.de

Seite 178–181

Bäckerei & Mühle
Eberhard Vielhaber GmbH & Co. KG
Inhaber: Eberhard Vielhaber

Stockumer Straße 34
59846 Sundern-Stockum

Telefon 02933/9754-0
Telefax 02933/975454

info@baeckerei-vielhaber.de
www.baeckerei-vielhaber.de

Seite 200–203

Bäckerei Frank Stemke
Inhaber: Frank Stemke

Vordere Schmiedgasse 13
73525 Schwäbisch Gmünd

Telefon 07171/62510

www.gutebrote.de

Seite 182–185

Weichardt Brot
Inhaber: Heinz Weichardt

Mehlitzstraße 7
10715 Berlin

Telefon 030/8738099
Telefax 030/8611699

info@weichardt.de
www.weichardt.de

Seite 204–207

Bäcker Thonke
Inhaber: Olaf Thonke

Gustav-Freytag-Straße 2
14712 Rathenow

Telefon 03385/539539
Telefax 03385/539590

info@thonke.de
www.thonke.de

Seite 192–195

Werner's Backstube
Inhaber: Manfred Werner

Robert-Bosch-Straße 34
55129 Mainz

Telefon 06131/95858-0
Telefax 06131/95858-58

werners-backstube@t-online.de
www.werners-backstube.de

Seite 208–211

Bäckerei Trölsch GmbH
Inhaber: Jürgen, Ulrich & Peter Trölsch

Kornwestheimer Straße 73
70825 Korntal-Münchingen

Telefon 07150/6050-0
Telefax 07150/6050-10

baeckerei.troelsch@troelsch.de
www.troelsch.de

Seite 196–199

Rezeptverzeichnis

Sehenswertes

Bäckereimuseum:
Integriert in das Schlossmuseum Rimpar, Bayern, zeigt das Bäckereimuseum eine Bäckerei und einen Bäckerladen um 1900. Des weiteren Exponate zur Zunft- und Bäckergeschichte ab dem 17. Jahrhundert, wie zum Beispiel eine Sackausklopfmaschine.

Schloss Grumbach
Schloßberg 1 | 97222 Rimpar
Telefon 0 93 65 / 92 45 | www.schloss-grumbach.de

Bayerisches Brauerei- und Bäckereimuseum:
In Kulmbach, Bayern, wird auf 1 500 Quadratmetern die Geschichte des Handwerks und des Brotes, inklusive Schaubäckerei, präsentiert. Angegliedert ist das Museum an das Bayerische Brauereimuseum.

Bayerisches Brauerei- und Bäckereimuseum Kulmbach e.V.
Hofer Straße 20 | 95326 Kulmbach
Telefon 0 92 21 / 8 05-14 | www.bayerisches-brauereimuseum.de

Europäisches Brotmuseum:
Ebergötzen in Niedersachsen ist nicht nur durch seinen berühmten Bürger Wilhelm Busch, der hier den Großteil seiner Schulzeit verbrachte, bekannt, sondern auch durch die Dauerausstellung „Vom Korn zum Brot" im ehemaligen Forstamt des Ortes. Neben den verschiedenen Themenbereichen der Ausstellung und regelmäßigen Sonderausstellungen sind im Außenbereich historische landwirtschaftliche Geräte, zwei Mühlen, originalgetreue Nachbauten eines steinzeitlichen und eines römischen Ofen sowie etliches mehr zu besichtigen und im Rahmen von Backaktionen auch zu benutzen.

Europäisches Brotmuseum e. V. Ebergötzen
Göttinger Straße 7 | 37136 Ebergötzen
Telefon 0 55 07 / 99 94 98 | www.brotmuseum.de

Freilichtmuseum am Kiekeberg:

In dem Naturpark Schwarze Berge nahe Hamburg gibt es regionale Kultur und Geschichte zum Anfassen. Neben vielen anderen Ausstellungen und Attraktionen, werden hier täglich in der Schaubäckerei Brote nach alten Rezepten traditionell im Holzbackofen hergestellt. Auch Kurse sind im Angebot.

Freilichtmuseum am Kiekeberg
Am Kiekeberg 1 | 21224 Rosengarten-Ehestorf
Telefon 040/790176-0 | www.kiekeberg-museum.de

Häussler-Backdorf:

Im kleinen Ort Heiligkreuztal auf der Schwäbischen Alb führt Adelinde Häussler mit viel Witz und Leidenschaft in die Kunst des Backens ein. Ihre Kurse, von Laien wie Profis gleichermaßen besucht, vermitteln Praxiswissen von der Mehltype bis zur richtigen Handhabe des Ofens und von der Vollkornverarbeitung bis Sauerteigherstellung. Praktisch: der angegliederte Shop.

Häussler-Backdorf
Nussbaumweg 1 | 88499 Heiligkreuztal
Telefon 07371/9377-0 | Telefax 07371/9377-40 | www.Backdorf.de

Museum der Brotkultur:

Das 1955 gegründete Museum in Ulm nennt sich auch Museum zur Technik und Geschichte des Mahlens und Backens sowie der Sozial- und Kulturgeschichte des Brotes. Der umfangreiche Titel spiegelt den hohen Anspruch des Museums wider, Brot in all seinen Zusammenhängen darzustellen. Von der historischen Entwicklung, über die Darstellung in der Kunst bis hin zur heutigen weltweiten Ernährungsproblematik – um nur einiges zu nennen – spannt das Museum einen weiten Bogen, der mehr als nur informiert. Unbedingt empfehlenswert.

Museum der Brotkultur
Salzstadelgasse 10 | 89073 Ulm
Telefon 0731/69955 | www.museum-brotkultur.de

Westfälisches Brotmuseum:

Unter dem Dach des Westfalen Culinarium in Nieheim, Nordrhein-Westfalen, finden sich neben dem Brotmuseum auch noch das Westfälische Schinkenmuseum, das Deutsche Käsemuseum und das Westfälische Bier- und Schnapsmuseum. Es wurde im April 2006 eröffnet und erhielt noch im selben Jahr den Deutschen Tourismuspreis in der Kategorie Innovatives Tourismusprojekt.

Westfalen Culinarium
Lange Straße 12 | 33039 Nieheim
Telefon 05274/9529-241 | www.westfalen-culinarium.de

Impressum

Texte
Christine Schroeder, Hamburg

Weitere Textbeiträge von:

Bianca Doriat, Frankfurt am Main	S. 26-29, 48-51, 104-107, 108-111, 150-153, 192-195, 204-207, 208-211
Barbara Kagerer, München	S. 18-21, 60-63, 92-95, 128-131, 132-135
Katrin Hainke, Hamburg	S. 22-25, 30-33, 40-43, 52-55, 80-83, 100-103, 162-165, 178-181
Karina Schmidt, Stuttgart	S. 44-47, 64-67, 68-71, 72-75, 76-79, 120-123, 136-139, 146-149, 158-161, 182-185, 196-199
Christel Trimborn, Bochum	S. 88-91, 96-99, 124-127, 154-157, 170-173, 174-177, 200-203

Fotografie
Bildagentur Björn Kray Iversen / Bernhard Eiberger, Albersweiler

Lektorat
Katrin Stickel, Neustadt an der Weinstraße

Herstellung
Heike Burkhart, Neustadt an der Weinstraße | Melanie Göhler, Neustadt an der Weinstraße

Gestaltung, Satz und Reproduktionen
2PLUSagentur GmbH, Viernheim | www.2plus-agentur.com

Druck und Verarbeitung
NINO Druck GmbH, Neustadt an der Weinstraße | www.ninodruck.de

Printed in Germany
ISBN: 978-3-86528-464-6

Die Zutaten der Rezepte sind, wenn nicht anders ausgewiesen, für ein Brot berechnet.

Besuchen Sie uns im Internet www.umschau-buchverlag.de

Titelfotografie:
Schutzumschlag Front: © Steven Van Veen
Schutzumschlag Back: © Stefan Körber; © momanuma; © Uschi Hering (von links nach rechts)
Cover: © Acik
Alle Titelbilder stammen von www.fotolia.com

Bildnachweis Fotolia (www.fotolia.com):
© Acik (S.3, S.56/57); © Ernst Fretz (S.4); © Sven Heidrich (S.6); © PeJo (S.7 unten); © Jacques PALUT (S.10); © UMA (S.11); © momanuma (S.14/15); © Irochka (S.16); © Justin Hall (S.34 oben); © bartm (S.34 unten); © Lucky Dragon (S.35 oben); © Géraldine Royer (S. 35 unten); © Daniel Fleck (S.36 unten); © DeVIce (S.37 oben links); © Danilo Ascione (S.37 unten); © Peter38 (S.38 links); © Marcus Mechmann (S.39 oben links); © Sigtrix (S.39 oben rechts); © Tina (S.39 unten); © Mikhail Tolstoy (S.58 oben); © Martin Nemec (S.59); © albrecht arnold (S.84); © conny (S.85); © David LoGiudice (S.86 oben); © Armin Ueberhofen (S.86 unten); © Michel Angelo (S.87 oben links); © jerome berquez (S.87 oben rechts); © Vitezslav Halamka (S.87 unten); © sandra zuerlein (S.112); © BAO-RF (S.113 links); © FK-Fotos (S.113 rechts, S.218 oben rechts); © Ideenkoch (S.114 oben links und rechts, S.115 unten links und rechts, S.119 oben links); © Comugnero Silvana (S.114 unten links, S.115 oben links); © Birgit Reitz-Hofmann (S.116 oben links, S.219 3. Reihe rechts); © Yuri Davidov (S.116 unten); © bbroianigo (S.116 rechts, S.118 unten links); © Siegfried Schnepf (S.117); © Frédéric Georgel (S.118); © ExQuisine (S.140 unten); © Mario (S.141 oben); © Guido Miller (S.141 unten, S.223 links); © George Muresan (S.142 oben links); © Christophe Fouquin (S.142 oben rechts); © Stefan Körber (S.142 unten); © Hans-Peter Moehlig (S.143); © StudioAraminta (S.144 1. Reihe links); © Marianne de Jong (S.144 1. Reihe rechts); © eAlisa (S.144 2. Reihe links); © rimglow (S.144 2. Reihe rechts); © CRAIG MCATEER (S.144 3. Reihe links); © cegli (S.144 3. Reihe rechts); © tfazevedo (S.145 1. Reihe links und 3. Reihe links); © Bambuh (S.145 1. Reihe rechts); © egal (S.145 2. Reihe links); © Linus Theißen (S.145 2. Reihe rechts); © volff (S.145 3. Reihe rechts); © Oksana Duschek (S.166); © sophie perrotin (S.168 oben links); © Phototom (S.168 oben rechts); © thierry planche (S.169 oben); © Irene Pardo (S.169 unten links); © bravajulia (S.169 unten rechts); © Nataly Basharina (S.186); © microimages (S.188); © Lev Olkha (S.189); kryczka_d (S.190 unten links); © Gernot Weiser (S.190 oben rechts); © Vojtech Vlk (S.190 unten rechts); © Alexander Gutkin (S.191 oben); © Ella (S.191 unten); © Tomboy2290 (S.212, S.213 1. Reihe, 2. Reihe und 3. Reihe rechts); © Grzegorz Szlowieniec (S.213 3. Reihe links); © Twilight_Art_Pictures (S.214 rechts); © Henne-Design (S.215 oben); © davidphotos (S.216 links); © ERWINO Photodesign (S.216 rechts); © Olaf Rehmert (S.217); © Uros Petrovic (S.218 oben links, S.219 1. Reihe rechts); © Ralf Siemieniec (S.218 unten links); © vlad valentina (S.218 unten rechts); © kexchen (S.219 1. Reihe von oben links); © Christian Jung (S.219 2. Reihe von oben); © Ralf Feltz (S.219 3. Reihe von oben links); © ArTo (S.221); © Mélanie Chabrier (S. 223 rechts); © Cpro (S.224 oben links); © Uschi Hering (S.224 unten links); © Anthony CALVO (S.225 links); © monregard (S.225 rechts); © Sly (S.226/227); © unpict (S.235); © Silverpics (S.238/239)

Wir bedanken uns für die freundlicherweise zur Verfügung gestellten Fotos bei:
Bäckerei Bahde GmbH (S.12 obere Reihe 2. Bild von links, S.23, S.24/25); FeinBäcker Brante (S.12 2. Reihe von oben 1. Bild von links, S.41 oben links, S.43); Bäckerei Bräuninger, Fotografie: Andreas Riedel, Neustadt an der Aisch (S.12 2. Reihe von oben 2. Bild von links, S.45 unten, S.47); Effenberger Vollkornbäckerei (S.12 2. Reihe von oben 1. Bild von rechts, S.52-55, S.229 unten rechts); Meinrad Bauer (S.12 3. Reihe 2. Bild von links, S.65 oben links und unten, S.66 oben links und Mitte, S.67); Bäckerei Hesse GmbH & Co. KG (S.12 untere Reihe 1. Bild von links, S.96, S.98/99, S.231 oben links); Bäckerei-Konditorei Kronberger GmbH, Fotograf: Martin Pudenz (S.12 untere Reihe 1. Bild von rechts, S108-111, S.231 unten links); Christian Hacker (S.13 1. Reihe von oben 2. Bild von rechts, S.130/131); Bäcker Thonke, Fotograf: U. Toelle (S.13 3. Reihe von unten 2. Bild von rechts, S.193 und S.195); Bäckerei-Konditorei Josef Angelbauer (S.18 oben rechts); BäckerMann (S.26 oben links); Christine Kamm (S.26 unten); Borchers Althannoversche Spezialitätenbäckerei (S.30 oben, S.32); Birgit Wucher (S.37 oben rechts); Bayerisches Brauerei- und Bäckereimuseum Kulmbach e.V., www.bayerisches-brauereimuseum.de, Kulmbach (S.38 oben rechts, S.214 links, S.236 links); Godehard Höweling, Godi's Backstube (S.81 oben rechts); Johannes Arl (S.97 oben); Bäckerei-Konditorei Kraft, Die Selberbäcker GmbH (S.104, S.231 3. Reihe links); Christine Schroeder (S.119 rechts, S.222 unten); Backhaus-Café Liese (S.124 unten); Konditorei-Bäckerei Muschler GmbH (S.134 oben links); Bernd Sigel, Scholderplatz 8, 73235 Weilheim an der Teck (S.158 oben); Freilichtmuseum am Kiekeberg, www.kiekeberg-museum.de (S.168 unten, S.237 links); www.paecher.com, Werbeagentur & XXL Digitaldruck für: Schwälmer Brotladen / Bäckerei Viehmeier (S.174 und S.176); Fotografie Stefanie Hartwig, Hamburg (S.179 oben links); Fotograf Wolfgang Scherer, Hamburg (S.179 unten, S.180 oben); Europäisches Brotmuseum e.V. Ebergötzen, www.brotmuseum.de (S.236 rechts); Museum der Brotkultur, www.museum-brotkultur.de (S.237 oben rechts); Westfalen Culinarium, www.westfalen-culinarium.de (S.237 unten rechts).